ⓦ 완자
공부력

Ⓠ 왜 공부력을 키워야 할까요?

쓰기력

정확한 의사소통의 기본기이며 논리의 바탕

연필을 잡고 종이에 쓰는 것을 괴로워한다!
맞춤법을 몰라 정확한 쓰기를 못한다!
말은 잘하지만 조리 있게 쓰는 것이 어렵다!
그래서 글쓰기의 기본 규칙을 정확히 알고
써야 공부 능력이 향상됩니다.

어휘력

교과 내용 이해와 독해력의 기본 바탕

어휘를 몰라서 수학 문제를 못 푼다!
어휘를 몰라서 사회, 과학 내용 이해가 안 된다!
어휘를 몰라서 수업 내용을 따라가기 어렵다!
그래서 교과 내용 이해의 기본 바탕을
다지기 위해 어휘 학습을 해야 합니다.

독해력

모든 교과 실력 향상의 기본 바탕

글을 읽었지만 무슨 내용인지 모른다!
글을 읽고 이해하는 데 시간이 오래 걸린다!
읽어서 이해하는 공부 방식을 거부하려고 한다!
그래서 통합적 사고력의 바탕인 독해 공부로
교과 실력 향상의 기본기를 닦아야 합니다.

계산력

초등 수학의 핵심이자 기본 바탕

계산 과정의 실수가 잦다!
계산을 하긴 하는데 시간이 오래 걸린다!
계산은 하는데 계산 개념을 정확히 모른다!
그래서 계산 개념을 익히고 속도와 정확성을
높이기 위한 훈련을 통해 계산력을 키워야 합니다.

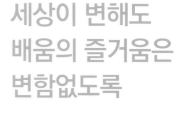

세상이 변해도
배움의 즐거움은
변함없도록

시대는 빠르게 변해도
배움의 즐거움은
변함없어야 하기에

어제의 비상은
남다른 교재부터
결이 다른 콘텐츠
전에 없던 교육 플랫폼까지

변함없는 혁신으로
교육 문화 환경의 새로운 전형을
실현해왔습니다.

비상은 오늘, 다시 한번
새로운 교육 문화 환경을 실현하기 위한
또 하나의 혁신을 시작합니다.

오늘의 내가 어제의 나를 초월하고
오늘의 교육이 어제의 교육을 초월하여
배움의 즐거움을 지속하는 혁신,

바로, 메타인지 기반 완전 학습을.

상상을 실현하는 교육 문화 기업 비상

메타인지 기반 완전 학습

초월을 뜻하는 meta와 생각을 뜻하는 인지가 결합한 메타인지는
자신이 알고 모르는 것을 스스로 구분하고 학습계획을 세우도록 하는
궁극의 학습 능력입니다. 비상의 메타인지 기반 완전 학습 시스템은
잠들어 있는 메타인지를 깨워 공부를 100% 내 것으로 만들도록 합니다.

한자 카드

카드를 활용하여 이 책에서 배운 한자와 어휘를 복습해 보세요.

※ 점선을 따라 뜯어요.

함께 공
공통(共通) | 공유(共有)
공감(共感) | 공동체(共同體)
visang

느낄 감
감동(感動) | 감각(感覺)
소감(所感) | 자신감(自信感)
visang

열 개
개학(開學) | 개방(開放)
개막(開幕) | 재개(再開)
visang

겉 표
표현(表現) | 표면(表面)
표정(表情) | 표지(表紙)
visang

대신할 대
대신(代身) | 대표(代表)
세대(世代) | 시대(時代)
visang

부을 주
주입(注入) | 주사(注射)
주력(注力) | 주유소(注油所)
visang

많을 다
다양(多樣) | 다정(多情)
대다수(大多數) |
다문화(多文化)
visang

가까울 근
친근(親近) | 최근(最近)
근처(近處) | 접근(接近)
visang

익힐 습
연습(練習) | 학습(學習)
복습(復習) | 풍습(風習)
visang

몸 신
자신(自身) | 신체(身體)
변신(變身) | 장신구(裝身具)
visang

소리 음

소음(騷音) | 방음(防音)
음악(音樂) | 발음(發音)

visang

나눌 분

분리(分離) | 분류(分類)
선분(線分) | 부분(部分)

visang

공평할 공

공원(公園) | 공연(公演)
공익(公益) | 공공(公共)

visang

화목할 화

화목(和睦) | 평화(平和)
화해(和解) | 화음(和音)

visang

들 야

분야(分野) | 야생(野生)
야외(野外) | 야구(野球)

visang

따뜻할 온

온천(溫泉) | 체온(體溫)
온도(溫度) | 온난화(溫暖化)

visang

나라 국

국기(國旗) | 국제(國際)
외국어(外國語) | 국회(國會)

visang

사귈 교

교통(交通) | 교류(交流)
교환(交換) | 교대(交代)

visang

뜻 의

의견(意見) | 의미(意味)
주의(注意) | 동의(同意)

visang

통할 통

통화(通話) | 통신(通信)
통행(通行) | 소통(疏通)

visang

완자

공부력

초등 전과목
한자 어휘 3A

초등 전과목 한자 어휘
3A-4B 구성

한자 학습

3A	開 열 개	感 느낄 감	共 함께 공	代 대신할 대	表 겉 표
	近 가까울 근	多 많을 다	注 부을 주	身 몸 신	習 익힐 습
	公 공평할 공	分 나눌 분	音 소리 음	野 들 야	和 화목할 화
	交 사귈 교	國 나라 국	溫 따뜻할 온	通 통할 통	意 뜻 의
3B	計 셀 계	高 높을 고	別 나눌 별	光 빛 광	明 밝을 명
	路 길 로	目 눈 목	信 믿을 신	失 잃을 실	成 이룰 성
	弱 약할 약	體 몸 체	風 바람 풍	反 돌이킬 반	本 근본 본
	席 자리 석	運 옮길 운	定 정할 정	集 모을 집	行 다닐 행
4A	兒 아이 아	傳 전할 전	善 착할 선	性 성품 성	友 벗 우
	知 알 지	見 볼 견	思 생각 사	望 바랄 망	情 뜻 정
	品 물건 품	商 장사 상	産 낳을 산	價 값 가	賣 팔 매
	獨 홀로 독	害 해할 해	爭 다툴 쟁	約 맺을 약	要 중요할/구할 요
4B	改 고칠 개	選 가릴 선	着 붙을 착	位 자리 위	要 중요할 요
	雨 비 우	魚 물고기 어	洗 씻을 세	談 말씀 담	電 번개 전
	加 더할 가	觀 볼 관	比 견줄 비	建 세울 건	止 그칠 지
	能 능할 능	效 본받을 효	必 반드시 필	許 허락할 허	完 완전할 완

중요 한자를 학습하고, 한자에서 파생된
전과목 교과서 어휘의 실력을 키워요!

교과서 어휘 학습

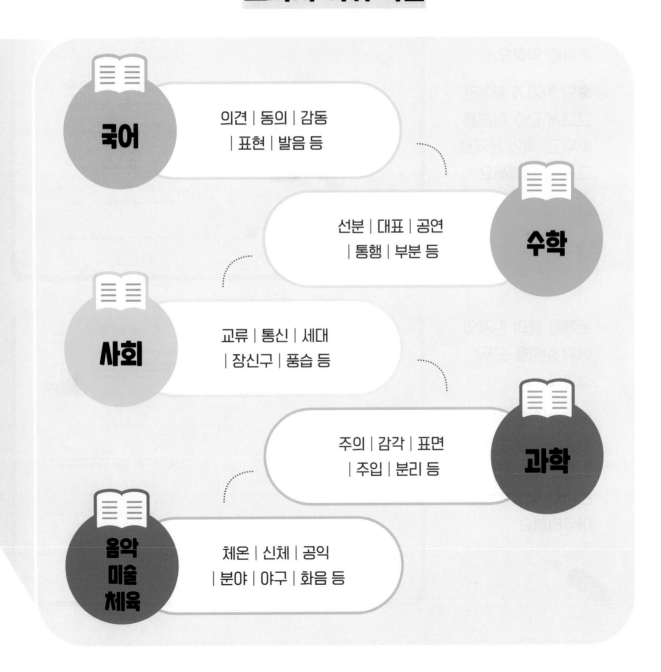

국어
의견 | 동의 | 감동
| 표현 | 발음 등

수학
선분 | 대표 | 공연
| 통행 | 부분 등

사회
교류 | 통신 | 세대
| 장신구 | 풍습 등

과학
주의 | 감각 | 표면
| 주입 | 분리 등

**음악
미술
체육**
체온 | 신체 | 공익
| 분야 | 야구 | 화음 등

특징과 활용법

하루 4쪽 공부하기

✳ 그림과 간단한
 설명으로 오늘 배울
 한자를 익혀요.

✳ 해당 한자가 들어간
 교과서 필수 어휘를
 배우고, 확인 문제로
 그 뜻을 이해해요.

✳ 문제를 풀며 한자와
 어휘 실력을 모두
 잡아요.

✳ 배운 어휘를 직접
 사용해 보며 표현력을
 기르고, 한자를
 쓰면서 오늘 학습을
 마무리해요.

◆ 책으로 하루 4쪽 공부하며, 초등 어휘력을 키워요!

◆ 모바일앱으로 공부한 내용을 복습하고 몬스터를 잡아요!

공부한 내용 확인하기

✳ 5일 동안 배운 한자가 포함된
글을 읽고, 문제를 풀면서 독해력을
키워요. 💡

✳ 중요 한자성어를 실생활에서 사용할
수 있도록 배워요.

✳ 다양한 어휘 놀이로 5일 동안 배운
어휘를 재미있게 정리해요.

모바일앱으로 복습하기

앱 다운받기   책 인증하기

✳ 그날 배운 내용을 바로바로,
또는 주말에 모아서 복습하고,
다이아몬드 획득까지! 💎
공부가 저절로 즐거워져요!

차례

한 친구가
작은 습관을 만들었어요.

매일매일의 시간이 흘러
작은 습관은 큰 습관이 되었어요.

큰 습관이 지금은 그 친구를 이끌고
있어요. 매일매일의 좋은 습관은
우리를 좋은 곳으로 이끌어 줄 거예요.

**우리도
하루 4쪽 공부 습관!
스스로 공부하는 힘을
키워 볼까요?**

열 개(開)

양손으로 빗장을 풀어 문[門]을 여는 모습에서 '열다'를 뜻합니다. 이 밖에도 '깨우치다', '시작하다'와 같은 의미로도 쓰입니다.

《 영상으로 필순 보기 》

丨 冂 冂 冃 冃 門 門 門 門 門 開 開

○ [1~4] 어휘의 뜻을 살펴보고, 알맞은 예문을 찾아 선을 연결하세요.

국어
개 학
열 開   배울 學

뜻 방학을 마치고 다시 수업을 함.

• 1 [   ]식 때, 새 학년이 되
어 새 친구를 만났습니다.

도덕
개 방
열 開   놓을 放

뜻 ① 문 등을 활짝 열어놓음.
② 금한 것을 풀어 자유를 줌.

• 2 두근두근! 월드컵 [   ]식
이 드디어 시작되었습니다.

국어
개 막
열 開   막 幕

뜻 막을 올림. 연극이나 음악회, 행사
등을 시작함.

• 3 비무장 지대 생태 평화 공원을 일
반 사람들에게 [   ]하였
습니다.

사회
재 개
다시 再   열 開

뜻 어떤 활동을 한동안 중단했다가
다시 시작함.

• 4 오랫동안 중단되었던 회의는 지금
까지도 [   ]될 기색이 전
혀 보이지 않습니다.

1 밑줄 친 어휘의 알맞은 뜻을 괄호 안에서 골라 ○표를 하세요.

> 전시회 <u>개막</u>을 앞두고 여러 사람들이 바쁘게 준비하고 있다.

뜻 막을 (올림 | 내림). 연극이나 음악회 등을 (시작 | 마무리)함.

2 밑줄 친 곳에 공통으로 들어갈 어휘에 ✔표를 하세요.

> • 그 가수는 올해부터 방송 활동을 _____했다.
> • 사고 두 시간 만에 지하철 운행을 _____했다.

☐ 개통(開通)   ☐ 재개(再開)   ☐ 공개(公開)   ☐ 개폐(開閉)

3 빈칸에 '열 개(開)'가 들어가는 어휘를 쓰세요.

> 방학 동안 건강하게 잘 보내고, [   ]할 때 웃는 얼굴로 만나요.

4 밑줄 친 어휘와 뜻이 비슷한 어휘를 고르세요.

> 이 도서관은 휴일에도 자료실을 <u>개방한다</u>.

① 열다   ② 찾다   ③ 쉬다   ④ 놀다   ⑤ 살피다

○ '열 개(開)'가 들어가는 어휘를 넣어서 글을 써 보세요.

야호! 내가 좋아하는 가수가 오랜 공백 끝에 공연을 한대요. 이 공연을 볼 생각에 하루하루 설레는 마음이에요. 하지만 먼저 부모님께 공연 보러 가는 것을 허락받아야 해요. 어떤 말로 부모님을 설득해야 할까요?

도움말 개학, 개막, 공개, 개발 등에 '열 개(開)'가 들어가요.

예 다음 달에 제가 좋아하는 가수의 공연이 개막해요. 이번 무대는 그동안 발표하지 않았던 노래도 공개하는 자리라 꼭 직접 가서 보고 싶어요. 이 공연을 보고 나면 다시 열심히 자기 개발하며 부모님을 기쁘게 해 드릴게요.

따라 쓰며 **한자力** 완성해요

開	開		
열 개	열 개		

오늘의 학습을 평가해 보아요. ☹ 부족함 😐 보통임 😊 잘함

03
02

느낄 감(感)

'咸(다 함)'과 '心(마음 심)'이 합한 글자로, 온 마음[心]이 다하여[咸] 크게 움직이는 모양에서 '느끼다'를 뜻합니다.

영상으로 필순보기

丿 厂 厂 厂 厃 咸 咸 咸 咸 咸 感 感 感

정답과 해설 105쪽

○ [1~4] 어휘의 뜻을 살펴보고, 빈칸에 알맞은 어휘를 찾아 한글로 쓰세요.

국어

감 동
느낄 感 움직일 動

뜻 크게 느끼어 마음이 움직임.

과학

감 각
느낄 感 깨달을 覺

뜻 눈, 코, 귀, 혀, 피부로 자극을 알아차림.

사회

소 감
바 所 느낄 感

뜻 마음에 느낀 바.

도덕

자 신 감
스스로 自 믿을 信 느낄 感

뜻 어떤 일을 해낼 수 있다는 느낌.

1 책을 읽은 후, 각자 재미있게 읽었거나 [   ] 받은 부분을 찾습니다.

2 사물을 관찰할 때에는 눈, 코, 입, 귀, 피부 등 [   ] 기관을 사용합니다.

3 책을 읽고 다른 친구들과 함께 [   ]을 이야기할 수 있어서 재미있었습니다.

4 저는 최선을 다해 노력할 때면 뭐든지 잘할 수 있을 것 같은 [   ]이 생깁니다.

1 밑줄 친 곳에 들어갈 어휘에 ○표를 하세요.

> 오감이란 시각, 청각, 후각, 미각, 촉각의 다섯 가지 _____을 말합니다.

감상   감정   감각   감성

2 빈칸에 알맞은 어휘를 보기 에서 골라 쓰세요.

> **보기**
>
> 자신감   친밀감

1 가족 간의 사랑 표현은 [   ]을 나타내는 좋은 방법입니다.

2 친구들 앞에서 발표할 때에는 큰 목소리와 [   ] 있는 태도로 말합니다.

3 밑줄 친 부분과 바꾸어 쓸 수 있는 어휘에 ✔표를 하세요.

> 마을 사람들은 청년의 연설을 듣고 <u>마음이 움직였다</u>.
>
> ↳ [ ] 감동했다   [ ] 다정했다

4 빈칸에 '소감(所感)'을 쓸 수 <u>없는</u> 문장의 기호를 쓰세요.

> ㉠ 이 책을 읽고 [   ]을 간단하게 써 보자.
>
> ㉡ 그 배우는 오랜만에 방송에 나온 [   ]을 전했다.
>
> ㉢ 우리 공원에 갈 건데 너도 [   ]이 있으면 같이 가자.

[✎   ]

글 쓰며 표현力 높여요

○ '느낄 감(感)'이 들어가는 어휘를 넣어서 글을 써 보세요.

"삐익! 잔액이 부족합니다."

교통카드 잔액이 부족하여 발만 동동 구르고 있어요. 그때 누군가가 차비를 내 주고 유유히 사라지네요. 나를 도와준 그분께 고마움을 어떻게 표현해야 할까요?

도움말 감동, 자신감, 감사, 실감 등에 '느낄 감(感)'이 들어가요.

예 정말 감사합니다. 덕분에 집에 잘 도착했습니다. 저도 어려움에 처한 누군가를 위해 기꺼이 도움의 손길을 내밀 수 있는 자신감을 가져야 할 것 같습니다. 늘 좋은 일만 가득하시기를 빌게요.

따라 쓰며 한자力 완성해요

感	感				
느낄 감	느낄 감				

오늘의 학습을 평가해 보아요. 😞 부족함 😐 보통임 😊 잘함

03

함께 공(共)

상자를 양손으로 함께 잡고 있는 모습을 표현한 데서 '함께', '같이'라는 뜻을 나타냅니다.
아울러 두 손의 동작이 서로 같다는 데서 '같은'이라는 뜻도 있습니다.

영상으로 필순 보기

一 十 廾 井 共 共

◎ [1~4] 어휘의 뜻을 살펴보고, 알맞은 예문을 찾아 선을 연결하세요.

국어

공 통
함께 共 통할 通

뜻 둘 이상의 여럿 사이에 두루 통함.

• 1 나도 같은 경험이 있어서 네 말에 □□□□ 할 수 있었어.

국어

공 유
함께 共 있을 有

뜻 두 사람 이상이 어떠한 대상을 함께 가지거나 나눔.

• 2 다음 문장들에 □□□□ 으로 쓰인 표현은 무엇인가요?

도덕

공 감
함께 共 느낄 感

뜻 남의 감정과 의견 등에 자기도 그렇다고 느낌.

• 3 □□□□ 구성원 모두가 행복해질 수 있도록 노력해야 합니다.

도덕

공 동 체
함께 共 같을 同 몸 體

뜻 생활이나 행동 또는 목적 등을 같이하는 집단.

• 4 경찰관은 무전기를 활용하여 여러 사람과 상황을 □□□□ 합니다.

1 '공' 자가 왼쪽의 한자로 쓰이지 <u>않는</u> 것에 ✔표를 하세요.

共
함께 공

☐ 공존   ☐ 공생   ☐ 공간

2 빈칸에 알맞은 어휘를 쓰세요.

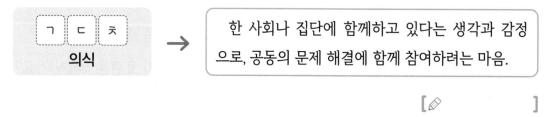

ㄱ ㄷ ㅊ
의식

→

한 사회나 집단에 함께하고 있다는 생각과 감정으로, 공동의 문제 해결에 함께 참여하려는 마음.

[✎   ]

3 밑줄 친 어휘와 반대의 뜻을 지닌 어휘를 고르세요.

걷기가 좋은 운동이라는 것은 의사들의 <u>공통</u>된 의견이다.

① 공동   ② 통일   ③ 차이   ④ 차례   ⑤ 일치

4 각 어휘의 뜻을 참고하여 빈칸에 알맞은 어휘를 쓰세요.

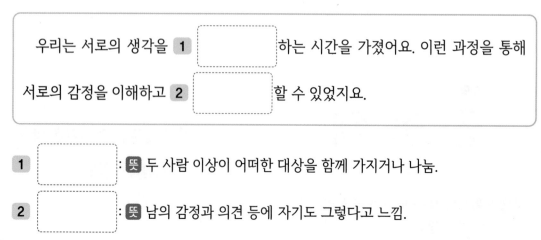

우리는 서로의 생각을 **1** ☐ 하는 시간을 가졌어요. 이런 과정을 통해

서로의 감정을 이해하고 **2** ☐ 할 수 있었지요.

1 ☐ : 뜻 두 사람 이상이 어떠한 대상을 함께 가지거나 나눔.

2 ☐ : 뜻 남의 감정과 의견 등에 자기도 그렇다고 느낌.

○ '함께 공(共)'이 들어가는 어휘를 넣어서 글을 써 보세요.

달콤한 꽃향기를 따라 학교 화단까지 왔어요. 그런데 같은 반 친구가 꽃을 몰래 꺾고 있어요. 가만히 두면 화단 꽃들을 다시 볼 수 없을 것 같아요! 어떤 말로 설득해야 친구가 꽃을 꺾지 않을까요?

도움말 공유, 공감, 공동체, 공존 등에 '함께 공(共)'이 들어가요.

예 잠깐만! 예쁜 꽃이 갖고 싶은 너의 마음에 공감은 하지만, 이 예쁜 꽃을 다른 친구들과 공유할 수 있도록 꺾지 말아 줘.

따라 쓰며 **한자**力 완성해요

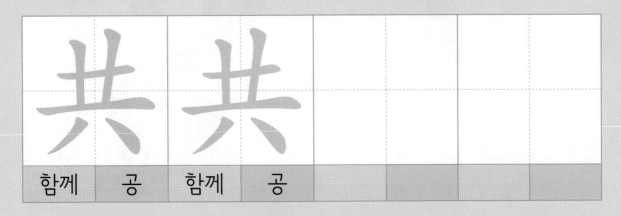

共	共		
함께 공	함께 공		

오늘의 학습을 평가해 보아요. ☹ 부족함 😐 보통임 ☺ 잘함

04 대신할 대(代)

두 개의 나무를 교차하여 만든 말뚝[弋]에 사람[人]을 결합한 글자입니다. 앞사람과 뒷사람이 번갈아 든다는 뜻이 더해져 '대신하다'라는 뜻을 지닙니다.

ノ　イ　イ　代　代

영상으로 필순 보기

○ [1~4] 어휘의 뜻을 살펴보고, 알맞은 예문을 찾아 선을 연결하세요.

도덕
대 신
대신할 代 · 몸 身

뜻 어떤 대상의 자리나 역할을 바꾸어 새로 맡음.

· · 1 이번 3학년 피구 시합에 각 반의
⬚ 선수들이 나옵니다.

수학
대 표
대신할 代 · 겉 表

뜻 전체를 어느 하나로 잘 나타냄. 또는 전체를 대신하는 사람.

· · 2 왕건이 고려를 건국할 때, 당시
⬚ 상황은 어땠을까요?

사회
세 대
세대 世 · 대신할 代

뜻 같은 시대에 사는 비슷한 나이층의 사람들.

· · 3 필요 없는 물건을 싼 값에 내놓고
⬚ 필요한 물건을 싼 값에 살 수 있어요.

국어
시 대
때 時 · 대신할 代

뜻 지금 있는 그 시기. 또는 문제가 되고 있는 그 시기.

· · 4 한 사회 안에서도 ⬚ 나 지역에 따라 전혀 다른 문화가 나타나기도 합니다.

문제로 어휘 力 높여요

1 밑줄 친 말의 뜻과 통하는 한자(漢子)에 ○표를 하세요.

> 어휘를 달달 외우는 것 말고 뜻을 이해해 보세요.

開	感	共	代

2 밑줄 친 곳에 '대표(代表)'를 쓸 수 없는 문장의 기호를 쓰세요.

> ㉠ 씨름은 우리나라의 _____ 적인 세시 풍속이다.
>
> ㉡ 문단 내용을 _____ 하는 문장을 중심 문장이라고 한다.
>
> ㉢ 대개 사람들은 유명 _____ 가 달린 물건을 사길 원한다.

[✎   ]

3 밑줄 친 말에 유의하여 다음 문장을 바르게 이해한 친구의 이름을 쓰세요.

> 오늘은 감기에 걸린 진경이를 대신하여 우희가 청소 당번이 되었다.

> 미소: 진경이와 우희가 같이 청소를 한 거네.
>
> 은서: 원래 오늘의 청소 당번은 진경이었구나.
>
> 성호: 우희가 진경이에게 청소 당번을 부탁한 거야.

[✎   ]

4 빈칸에 알맞은 어휘를 보기에서 골라 쓰세요.

> **보기**
>
> 시대(時代)   세대(世代)

1 현대는 과학 기술이 급속도로 발전하고 있는 [＿＿＿＿＿＿] 이다.

2 요즘 [＿＿＿] 간 소통 부족으로 인한 갈등이 사회 문제가 되고 있다.

○ '대신할 대(代)'가 들어가는 어휘를 넣어서 글을 써 보세요.

세상에 이럴 수가! 초등학생이 되어 처음으로 학급 회장으로 뽑혔습니다. 선생님께서 저에게 앞으로 나와 학급 회장이 된 소감과 앞으로의 다짐을 짧게 이야기하라고 하시네요. 뭐라고 말해야 할까요?

 대신, 대표, 시대, 대변, 대체 등에 '대신할 대(代)'가 들어가요.

예 저는 학급 회장이 우리 반 친구들의 목소리를 대변하는 사람이라고 생각합니다. 학급에서 일어나는 힘든 일을 대신해 줄 수는 없겠지만, 같이 고민하고 해결 방법을 열심히 찾아보겠습니다. 대체 불가능한 최고의 3학년 7반을 함께 만들어 갑시다.

따라 쓰며 **한자**力 완성해요

代		代					
대신할	대	대신할	대				

오늘의 학습을 평가해 보아요. ☹ 부족함 😐 보통임 😊 잘함

23

겉 표(表)

'衣(옷 의)'와 '毛(털 모)'가 합한 글자입니다. 바깥쪽에 입는 옷이라는 뜻이 확대되면서
'겉'과 관련된 다양한 의미를 나타냅니다.

영상으로 필순 보기

一 二 ≠ ≢ 丰 耒 耒 表

○ [1~4] 어휘의 뜻을 살펴보고, 빈칸에 알맞은 어휘를 찾아 한글로 쓰세요.

표현
겉 表 | 나타날 現
뜻 생각이나 느낌을 언어나 몸짓 등으로 드러내어 나타냄.

표면
겉 表 | 낯 面
뜻 사물의 가장 바깥쪽. 또는 가장 윗부분.

표정
겉 表 | 뜻 情
뜻 마음속에 품은 감정이나 심리 상태가 겉으로 드러남.

표지
겉 表 | 종이 紙
뜻 책의 맨 앞뒤의 겉장.

1 책의 ☐☐☐ 와/과 그림을 살펴보고 내용을 예상해 봅시다.

2 지구의 ☐☐☐ 은/는 크게 육지와 바다로 나눌 수 있습니다.

3 만화 영화에서 재미있게 본 장면을 역할극으로 ☐☐☐ 했습니다.

4 시무룩한 아이들의 ☐☐☐ 을/를 보면 저도 마음이 편하지 않습니다.

1 빈칸에 공통으로 들어갈 어휘를 쓰세요.

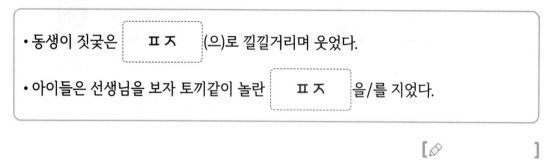

• 동생이 짓궂은 ㅍ ㅈ (으)로 낄낄거리며 웃었다.

• 아이들은 선생님을 보자 토끼같이 놀란 ㅍ ㅈ 을/를 지었다.

[✎   ]

2 다음 친구들이 설명하는 것을 골라 ✔표를 하세요.

수양: 나는 책을 고를 때 이것부터 먼저 봐.

세윤: 사람에 빗대어 표현한다면 책의 얼굴이라고 할 수 있어.

우기: 여기에는 제목과 글쓴이, 출판사에 대한 정보가 담겨 있어.

☐ 표어   ☐ 표지   ☐ 표준   ☐ 표층

3 밑줄 친 곳에 '표면(表面)'이 어울리지 <u>않는</u> 문장의 기호를 쓰세요.

㉠ 호수의 <u>표면</u> 위로 그림자가 어른거렸다.

㉡ 그릇의 <u>표면</u>에 화려한 그림이 그려져 있다.

㉢ 포도의 단물만 빼 먹고 빈 <u>표면</u>은 내동댕이쳤다.

[✎   ]

4 끝말잇기의 빈칸에 공통으로 들어갈 글자를 고르세요.

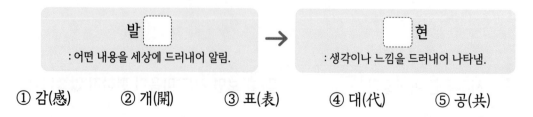

발 ☐ : 어떤 내용을 세상에 드러내어 알림. → ☐ 현 : 생각이나 느낌을 드러내어 나타냄.

① 감(感)   ② 개(開)   ③ 표(表)   ④ 대(代)   ⑤ 공(共)

○ '겉 표(表)'가 들어가는 어휘를 넣어서 글을 써 보세요.

○○출판사에서 스릴이 넘치는 이야기책이 나왔어요. 악! 그런데 어쩌죠? 책 표지 만드는 것을 깜박했지 뭐예요! 책의 디자이너가 되어 이 책의 표지를 어떻게 꾸밀지 이야기해 볼까요?

도움말 표현, 표정, 표지, 표기, 표출 등에 '겉 표(表)'가 들어가요.

예 책 제목은 삐뚤거리는 손 글씨로 표기하고, 표지를 하얗게 두면 어떨까요? 아무것도 없어서 불안정해 보이는 표현 방법이 이 이야기의 긴장감을 더 잘 살려줄 것 같아요.

따라 쓰며 **한자**力 완성해요

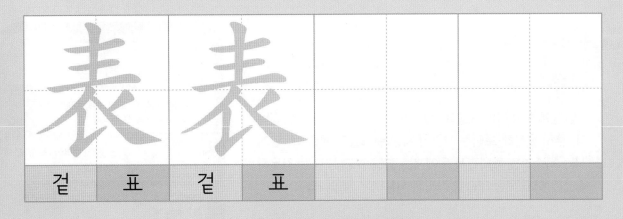

表		表			
겉	표	겉	표		

오늘의 학습을 평가해 보아요. 😟 부족함 😐 보통임 😊 잘함

1~2 다음 글을 읽고, 물음에 답하세요.

아래층 아저씨께

안녕하세요? 저는 위층에 사는 초등학교 3학년 오윤지라고 합니다. 뒤뚱뒤뚱 걷기만 하던 동생이 최근 들어 걷기에 자신감(自信感)이 생겼는지 마구 뛰어다니는 통에 많이 시끄러우셨죠? 저도 층간 소음으로 힘들었던 적이 있어서 그 마음에 공감(共感)합니다. 공동체(共同體)의 질서를 알려 주며 엄한 표정(表情)으로 뛰지 말라고 해도 말을 안 들어요. 그래서 제가 우리 가족을 대표(代表)하여 용기 내어 편지를 남깁니다. 이제 바닥에 두꺼운 매트를 깔았으니 소리가 많이 줄어들 거예요.

문 앞의 사과는 죄송하다는 마음의 표현(表現)이에요. 표면(表面)에 빛이 날 정도로 잘 닦아 놓았으니, 바로 드셔도 돼요. 그럼 안녕히 계세요.

오윤지 올림

1 이 편지에 들어 있지 <u>않은</u> 내용을 고르세요.

① 받는 사람   ② 첫인사   ③ 하고 싶은 말

④ 보낸 날짜   ⑤ 보낸 사람

2 글쓴이가 이 글을 쓴 까닭을 쓰세요.

{ ☐☐☐☐ 에 대해 죄송한 마음을 전하기 위해서 }

생활속 성어 **표 리 부 동**
겉 表   속 裏   아닐 不   같을 同

남들에게 보이는 모습과 실제가 다름을 의미하는 말입니다. 흔히 훌륭해 보이는 사람이 사실은 그렇지 못할 때, 앞에서는 복종하는 체하면서 뒤에서는 흉을 보고 다니는 경우처럼 진실하지 못한 모습을 가리켜 사용하는 말입니다.

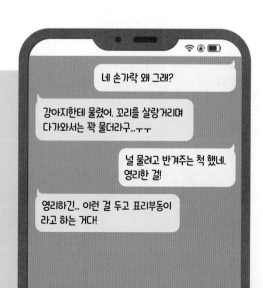

네 손가락 왜 그래?

강아지한테 물렸어. 꼬리를 살랑거리며 다가와서는 꽉 물더라구...ㅜㅜ

널 물려고 반겨주는 척 했네. 영리한 걸!

영리하긴... 이런 걸 두고 표리부동이라고 하는 거다!

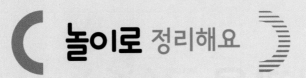
● 아래의 뜻풀이에 해당하는 어휘를 찾아 표시해 보세요.

개	학	교	질	백	세	대	표
막	생	소	감	동	상	신	현
교	실	리	각	비	교	육	실
가	과	차	이	자	표	개	방
공	통	점	소	신	리	방	송
동	합	기	공	감	표	흥	국
체	육	관	유	무	면	동	시

① 크게 느끼어 마음이 움직임.

② 어떤 일을 해낼 수 있다는 느낌.

③ 방학을 마치고 다시 수업을 시작함.

④ 사물의 가장 바깥쪽. 또는 가장 윗부분.

⑤ 같은 시대에 사는 비슷한 나이층의 사람들.

⑥ 남의 감정과 의견 등에 자기도 그렇다고 느낌.

⑦ 생활이나 행동 또는 목적 등을 같이하는 집단.

06

가까울 근(近)

'辶(辵, 쉬엄쉬엄 갈 착)'과 '斤(도끼 근)'을 합한 글자로, 도끼로 길을 나눠 거리를 짧게 만든다는 의미로 쓰였습니다. 후에 '가깝다'라는 뜻이 되었습니다.

영상으로 필순 보기

ノ　ノ　斤　斤　斤　沂　沂　近

◎ [1~4] 어휘의 뜻을 살펴보고, 알맞은 예문을 찾아 선을 연결하세요.

뜻 친하여 익숙함. 사이가 아주 가까움.

• 1 [＿＿＿] 우리나라에서도 자주 지진이 발생하고 있다.

뜻 얼마 되지 않은 지나간 날부터 현재 또는 바로 직전까지의 기간.

• 2 장승들 가운데에는 할아버지처럼 [＿＿＿] 한 얼굴을 한 장승도 있다.

뜻 가까운 곳.

• 3 하키형 게임에서 수비를 잘하려면 공격수에게 [＿＿＿] 하여 패스를 방해해야 해요.

뜻 가까이 다가감.

• 4 우리 학교 [＿＿＿] 에는 시장이 있어 불법으로 주차하는 차가 많다.

문제로 어휘力 높여요

1 뜻풀이에 알맞은 어휘를 보기에서 골라 쓰세요.

> **보기**
>
> 근원   최근   위화감   친근감

1 자주 만나거나 어울려 사이가 아주 가까운 느낌.   [🖉   ]

2 얼마 되지 않은 지나간 날부터 현재 또는 바로 직전까지의 기간.   [🖉   ]

2 빈칸에 알맞은 글자를 고르세요.

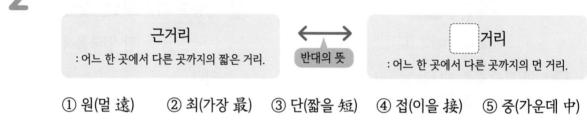

근거리		⬅➡		☐거리
: 어느 한 곳에서 다른 곳까지의 짧은 거리.		반대의 뜻		: 어느 한 곳에서 다른 곳까지의 먼 거리.

① 원(멀 遠)   ② 최(가장 最)   ③ 단(짧을 短)   ④ 접(이을 接)   ⑤ 중(가운데 中)

3 빈칸에 '근(近)' 자가 들어가는 어휘를 쓰세요.

1 우리는 길을 묻기 위해 안내원에게 [＿＿＿＿] 하여 말을 걸었다.

2 언니는 시력이 많이 안 좋아서 [＿＿＿＿] 에 있는 것도 잘 보지 못한다.

4 밑줄 친 어휘에 '가까울 근(近)'이 쓰이지 <u>않은</u> 문장의 기호를 쓰세요.

> ㉠ 나는 행인에게 <u>근방</u>에 병원이 있는지 물어보았다.
>
> ㉡ 조선은 유교를 정치 이념으로 내세우며 백성을 나라의 <u>근본</u>으로 삼았다.
>
> ㉢ <u>원근감</u>을 표현하려면 앞에 있는 것을 뒤에 있는 것보다 진하게 색칠해야 한다.

[🖉   ]

글 쓰며 **표현** 力 높여요

○ **'가까울 근(近)'이 들어가는 어휘를 넣어서 글을 써 보세요.**

친구들에게 내 취미를 소개하는 상황이에요. 취미 한 가지를 정해서 친구들이 공감할 수 있도록 써 보세요.

도움말 친근, 최근, 근처, 접근, 근래, 근교 등에 '가까울 근(近)'이 들어가요.

예 최근 제 취미는 캠핑입니다. 도시 근교의 캠핑장으로 가서 자연 풍경을 감상하고 가족들과 함께 맛있는 음식도 먹습니다. 저는 캠핑을 하면서 무섭기만 했던 곤충들이 친근하게 느껴졌습니다. 여러분도 캠핑이라는 취미를 가져 보는 것은 어떤가요?

따라 쓰며 **한자** 力 완성해요

近	近		
가까울 근	가까울 근		

오늘의 학습을 평가해 보아요. 😞 부족함 😐 보통임 😊 잘함

07

많을 다(多)

고기가 많이 쌓여 있는 모습을 표현한 글자로, '많다'라는 뜻을 나타냅니다.

영상으로 필순 보기

ノ ク タ タ タ 多 多

○ **[1~4]** 어휘의 뜻을 살펴보고, 빈칸에 알맞은 어휘를 찾아 한글로 쓰세요.

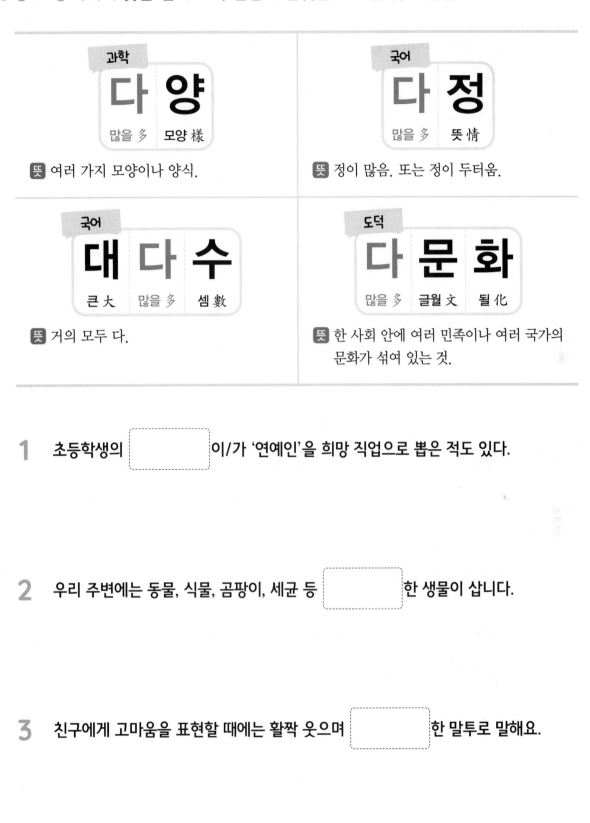

과학

다 양
많을 多 | 모양 樣

뜻 여러 가지 모양이나 양식.

국어

다 정
많을 多 | 뜻 情

뜻 정이 많음. 또는 정이 두터움.

국어

대 다 수
큰 大 | 많을 多 | 셈 數

뜻 거의 모두 다.

도덕

다 문 화
많을 多 | 글월 文 | 될 化

뜻 한 사회 안에 여러 민족이나 여러 국가의 문화가 섞여 있는 것.

---

1 초등학생의 [   ] 이/가 '연예인'을 희망 직업으로 뽑은 적도 있다.

2 우리 주변에는 동물, 식물, 곰팡이, 세균 등 [   ] 한 생물이 삽니다.

3 친구에게 고마움을 표현할 때에는 활짝 웃으며 [   ] 한 말투로 말해요.

4 [   ] 사회에서 문화가 서로 다른 사람들이 만났을 때의 올바른 태도는 무엇인지 이야기해 봅시다.

1 빈칸에 알맞은 어휘를 보기 에서 골라 쓰세요.

보기

| 다정 | 다방면 |

1 강우는 영지를 늘 [ ] 하게 챙겨 주었다.

2 주원이는 노래, 글쓰기, 체육 등 [ ] 에 재능이 있다.

2 빈칸에 들어갈 글자를 고르세요.

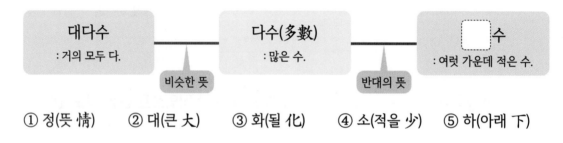

대다수 : 거의 모두 다. ── 비슷한 뜻 → 다수(多數) : 많은 수. ── 반대의 뜻 → [ ]수 : 여럿 가운데 적은 수.

① 정(뜻 情) ② 대(큰 大) ③ 화(될 化) ④ 소(적을 少) ⑤ 하(아래 下)

3 '다(多)' 자가 들어가는 어휘를 빈칸에 쓰세요.

서로 다른 1 [ㄷㅇ]한 문화를 가진 사람들이 모여 사는 2 [ㄷㅁㅎ] 사회에서는 상대방의 문화를 존중하고 이해하는 태도가 중요해요.

1 [✎   ]   2 [✎   ]

4 빈칸에 알맞은 글자를 쓰세요.

[ ]수결을 통해 우리 학급 전체의 의견을 정하기로 했어요.

글 쓰며 **표현**力 높여요

○ **'많을 다(多)'가 들어가는 어휘를 넣어서 글을 써 보세요.**

이 세상에는 참 고마운 사람들이 많아요! 그래서 오늘은 고마운 사람에게 편지를 쓰려고 해요. 특히 고마움을 느꼈던 사람을 떠올려 보고, 고마운 마음이 잘 전달되도록 편지를 써 보세요.

도움말 다양, 다정, 대다수, 다문화 등에 '많을 다(多)'가 들어가요.

 영민아, 안녕. 나 은지야. 내가 팔을 다쳤을 때 대다수 친구들은 나를 신경도 쓰지 않았는데, 네가 내 가방을 들어 주어서 정말 고마웠어. 그때 너를 보면서 참 다정한 친구라고 생각했단다.

따라 쓰며 **한자**力 완성해요

多	多		
많을 다	많을 다		

오늘의 학습을 평가해 보아요. ☹ 부족함 😐 보통임 ☺ 잘함

《 공부한 날짜 월 일 》

08 부을 주(注)

뜻을 나타내는 '氵(水, 물 수)'와 음을 나타내는 '主(주인 주)'를 합한 글자입니다. '붓다' 또는 '(물을) 대다'라는 뜻을 나타냅니다.

영상으로 필순 보기

丶 丶 氵 氵 氵 汁 汴 注

○ [1~4] 어휘의 뜻을 살펴보고, 알맞은 예문을 찾아 선을 연결하세요.

주입
부을 注 · 들 入

뜻 흘러 들어가도록 부어 넣음.

· 1 보건소에 예방 [ ]을/를 맞으러 갔다.

주사
부을 注 · 쏠 射

뜻 주사기에 담은 약을 사람이나 동물 몸속에 넣는 일.

· 2 헬렌 켈러는 자신처럼 장애를 지닌 어린이에게 도움을 주는 일에 [ ] 하였다.

주력
부을 注 · 힘 力

뜻 어떤 일에 온 힘을 기울임.

· 3 페트병을 공기를 [ ] 하는 마개로 닫고, 이 마개를 눌러 공기를 넣으면 페트병의 무게가 늘어난다.

주유소
부을 注 · 기름 油 · 바/곳 所

뜻 자동차 등에 기름을 넣는 곳.

· 4 교통수단이 발달하면서 터미널, 정류장, [ ], 공항 등 여러 가지 시설이 생겨났다.

1 빈칸에 공통으로 들어갈 어휘를 쓰세요.

> • 독감에 걸려 병원에서 | ㅈ | ㅅ |을/를 맞고, 약을 처방받았다.
>
> • 의사 선생님의 진찰을 마친 뒤에 간호사 선생님을 따라 | ㅈ | ㅅ |실로 갔다.

[✎   ]

2 밑줄 친 부분과 뜻이 비슷한 어휘를 고르세요.

> 경찰은 범인이 남긴 증거를 찾는 데 <u>온 힘을 기울인다</u>.

① 주력(注力)하다   ② 감동(感動)하다   ③ 공유(共有)하다

④ 봉사(奉仕)하다   ⑤ 대신(代身)하다

3 빈칸에 '주(注)' 자가 들어가는 어휘를 쓰세요.

> 우리 가족은 [   ]에 들러 차에 기름을 넣고 출발했다.

4 밑줄 친 부분과 바꾸어 쓸 수 있는 어휘를 고르세요.

> 자전거를 타기 전에는 타이어에 공기를 충분히 <u>넣는</u> 것이 좋아.

① 주유(注油)하는   ② 주사(注射)하는   ③ 주력(注力)하는

④ 주입(注入)하는   ⑤ 주의(注意)하는

○ '부을 주(注)'가 들어가는 어휘를 넣어서 글을 써 보세요.

최근에 가장 기억에 남는 일이 무엇인가요? 인상적이었던 상황을 떠올려 보고, 그때 느꼈던 감정이나 생각을 친구들에게 자세히 이야기해 보세요.

도움말 주입, 주사, 주의, 주시, 주문 등에 '부을 주(注)'가 들어가요.

예 저는 최근에 예방 주사를 맞은 경험이 기억에 남아요. 동생에게 하나도 안 무섭다고 말해 놓은 상황이라, 씩씩하게 맞아야 했거든요. 그래서 주사기에 든 약물이 주입되는 모습을 똑바로 쳐다보기까지 했는데, 진짜 하나도 안 아팠어요. 스스로에게 건 최면이 통했나 봐요!

따라 쓰며 **한자 力** 완성해요

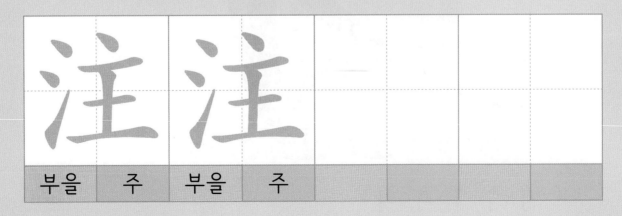

注	注				
부을 주	부을 주				

오늘의 학습을 평가해 보아요. 😟 부족함 😐 보통임 😊 잘함

몸 신(身)

아기를 가져 배가 볼록하게 나온 여인의 모습을 본뜬 글자로, '몸'을 뜻합니다.

영상으로 필순 보기

`′ ′ ′ ′ ′ ′ ′ 身`

42

○ [1~4] 어휘의 뜻을 살펴보고, 빈칸에 알맞은 어휘를 찾아 한글로 쓰세요.

국어
자 신
스스로 自　몸 身

뜻 그 사람의 몸. 또는 바로 그 사람.

체육
신 체
몸 身　몸 體

뜻 사람의 몸.

국어
변 신
변할 變　몸 身

뜻 모습이나 태도를 바꿈. 또는 바뀐 모습.

사회
장 신 구
꾸밀 裝　몸 身　갖출 具

뜻 몸치장을 하는 데 쓰는 물건.

1 여러 가지 동물로 [　　　] 하는 로봇을 선물받았어요.

2 글을 읽고, 친구들에게 [　　　] 의 의견을 말해 봅시다.

3 비만이 되면 [　　　] 이/가 균형 있게 자라기 힘듭니다.

4 경주에는 금으로 만든 [　　　] , 도기, 유리병 등 신라의 문화유산이 많습니다.

1 밑줄 친 부분에 '자신(自身)'을 쓸 수 <u>없는</u> 문장의 기호를 쓰세요.

> ㉠ 기찬이는 이번 경기에서 이길 <u>자신</u>이 있었어요.
>
> ㉡ <u>자신</u>이 읽은 글을 다른 사람에게 소개해 봅시다.
>
> ㉢ 친구에게 <u>자신</u>의 마음을 전달하는 방법은 무엇이 있을까요?

[✎   ]

2 밑줄 친 어휘와 뜻이 비슷한 어휘를 괄호 안에서 찾아 ○표를 하세요.

1 어른들의 <u>몸</u>은 어린이에 비해서 크다. ➡ (심신 | 신체)

2 이 장난감 로봇은 여러 모양으로 <u>탈바꿈</u>이 가능하다. ➡ (변신 | 통신)

3 **보기**와 같이 여러 어휘를 포함하는 어휘를 쓰세요.

| 반지 | 팔찌 | 목걸이 | 귀고리 | ➡ | ☐ 신 ☐ |

4 밑줄 친 부분을 참고하여 빈칸에 알맞은 글자를 고르세요.

> '<u>몸</u>과 땅은 둘이 아니고 하나.'라는 뜻으로, 자기가 사는 땅에서 기르고 거둔 농산
> 물이라야 체질에 잘 맞음을 이르는 말을 '☐토불이'라고 한다.

① 신(몸 身)   ② 양(볕 陽)   ③ 지(땅 地)   ④ 초(풀 草)   ⑤ 이(둘 二)

○ '몸 신(身)'이 들어가는 어휘를 넣어서 글을 써 보세요.

몸이 허약하거나 운동을 잘하지 못해서 고민인가요? 또는 그런 고민을 하는 친구가 주위에 있나요? 고민하는 친구나 나 자신에게 조언을 해 보세요.

> **도움말** 자신, 신체, 변신, 심신, 전신 등에 '몸 신(身)'이 들어가요.

예 운동을 해도 피곤하기만 하고 운동 능력이 높아지지 않는다면, 운동의 종류를 바꿔 봐. 자신에게 맞는 운동을 해야 꾸준히 할 수 있어. 나는 어렸을 적부터 태권도를 했 더니 심신이 건강해진 것 같아.

따라 쓰며 **한자 力** 완성해요

身	身			
몸 신	몸 신			

오늘의 학습을 평가해 보아요. ☹ 부족함 ☺ 보통임 ☺ 잘함

45

10 익힐 습(習)

어린 새가 날갯짓을 하며 나는 법을 익히는 모습을 표현한 글자로 '익히다', '배우다'라는 뜻을 나타냅니다.

영상으로 필순 보기

ㄱ　ㄱ　ㅋ　ㅋ　ㅋ　ㅋ　ㅋ　ㅋ　ㅋ　ㅋ　習

◯ [1~4] 어휘의 뜻을 살펴보고, 알맞은 예문을 찾아 선을 연결하세요.

국어

연습

익힐 練 | 익힐 習

뜻 학문이나 기술 등을 익숙하도록 되풀이하여 익힘.

• 1 우리 모둠은 먼저 날씨를 살펴보고, 현장 체험 [   ] 가는 날을 정했다.

과학

학습

배울 學 | 익힐 習

뜻 학문이나 기술 등을 배워서 익힘.

• 2 우아! 힘이 들어도 꾹 참고 줄넘기 [   ] 을 하더니 어려운 동작도 척척 잘 해내는구나.

사회

복습

돌아올 復 | 익힐 習

뜻 배운 것을 다시 익혀 공부함.

• 3 재미있는 문제를 풀면서 지난 시간에 배운 내용을 [   ] 해 봅시다.

사회

풍습

바람 風 | 익힐 習

뜻 한 사회에서 옛날부터 전해 내려오는 행동 방식.

• 4 중국인들은 새해 첫날에는 대문에 '복(福)' 자를 써서 거꾸로 붙여 놓는 [   ] 이 있어요.

1 빈칸에 공통으로 들어갈 수 있는 어휘에 ○표를 하세요.

> • 한라산은 다양한 식물이 자라고 있어서 자연 ☐☐ 을 하기에 알맞다.
>
> • 내일은 교외 체험 ☐☐ 신청서를 내고 아빠와 설악산에 가는 날이에요.

강습	자습	관습	학습

2 빈칸에 알맞은 글자를 고르세요.

☐습		예습
: 배운 것을 다시 익혀 공부함.	←반대의 뜻→	: 앞으로 배울 것을 미리 익힘.

① 수(닦을 修) ② 신(새로울 新) ③ 복(돌아올 復)

④ 교(가르칠 敎) ⑤ 상(떳떳할 常)

3 밑줄 친 곳에 '연습(練習)'을 쓸 수 없는 문장의 기호를 쓰세요.

> ㉠ 인물의 특징을 생각하며 대본을 여러 번 읽으면서 _____ 했어요.
>
> ㉡ 지난 주말에 승희는 한자 자격증을 따기 위해 _____ 을 보러 갔어요.
>
> ㉢ 듣고 말하는 _____ 을 열심히 하여 외국어를 유창하게 말할 수 있게 됐어요.

[✎　　　　　]

4 빈칸에 '습(習)' 자가 들어가는 어휘를 쓰세요.

우리 민족에게는 오래전부터 추석에 송편을 빚어 먹는 ☐☐ 이/가 있어요.

○ '익힐 습(習)'이 들어가는 어휘를 넣어서 글을 써 보세요.

새해를 맞아 올해의 목표를 세워 보려 해요. 내가 세운 목표와 그것을 이루기 해야 할 일을 모두 써 보세요.

> **도움말** 연습, 학습, 복습, 예습, 습작, 습득 등에 '익힐 습(習)'이 들어가요.

예 저는 학교 공부를 열심히 하고, 건강을 위해서 운동을 하려고 합니다. 매일 학교 숙제를 하고 예습과 복습도 하겠습니다. 또 줄넘기 연습도 빼먹지 않고 하겠습니다.

따라 쓰며 **한자力**완성해요

習		習				
익힐	습	익힐	습			

오늘의 학습을 평가해 보아요. ☹ 부족함 ☺ 보통임 ◇◇ 잘함

1~2 다음 글을 읽고, 물음에 답하세요.

다문화(多文化) 사회는 한 국가나 사회 속에 여러 민족, 인종, 언어, 종교, 풍습(風習) 등이 어우러져 다양(多樣)한 문화가 공존하는 사회입니다. 세계화로 인구 이동이 늘어나면서 우리나라도 다문화 사회로 들어섰습니다. 또 최근(最近)에는 외국인 근로자 증가, 국제결혼 증가 등으로 국내에 있는 외국인의 구성이 다양해지고 있습니다.

이러한 다문화 현상은 우리 사회를 풍요롭게 만들지만 문화적 차이로 인한 갈등, 편견, 차별 등의 문제를 낳기도 합니다. 이를 해결하려면 다른 문화를 이해하고 함께 살아가려고 노력해야 합니다. 혹시 주변에 다문화 가정의 친구가 있나요? 그렇다면 지금까지 자신(自身)은 그 친구를 어떻게 생각해 왔는지 떠올려 보고, 먼저 친근(親近)하게 다가가 보는 것은 어떨까요?

1 이 글의 핵심 어휘를 쓰세요.

{ ☐ ☐ ☐ 사회 }

2 이 글의 내용과 일치하지 <u>않는</u> 것을 고르세요.

① 다문화 사회에는 여러 문화가 공존한다.

② 현재 우리나라는 다문화 사회에서 벗어난 상태이다.

③ 우리나라에 있는 외국인의 구성이 다양해지고 있다.

④ 다문화 사회에서는 갈등, 편견, 차별과 같은 문제가 발생할 수 있다.

⑤ 다문화 사회에서는 다른 문화를 이해하려고 노력하는 자세가 필요하다.

생활 속 성어

다 다 익 선

많을 多 많을 多 더할 益 착할/좋을 善

'많으면 많을수록 더욱 좋다.'라는 뜻입니다. 중국 한(漢)나라의 장수 '한신'이 '고조(高祖)'는 10만 정도의 병사를 지휘할 수 있지만, 자신은 병사의 수가 많으면 많을수록 더욱 좋다고 한 데서 유래하였습니다.

너는 생일 선물로 뭘 받고 싶니?

나는 슬라임을 받고 싶어.

채린이도 너의 생일 선물로 슬라임을 준비했다던데?

ㅎㅎㅎ 슬라임은 다다익선이지.

놀이로 정리해요

어휘의 뜻풀이가 맞으면 ○로, 틀리면 ×로 건너가서 개구리 친구에게 줄 선물을 골라 보세요.

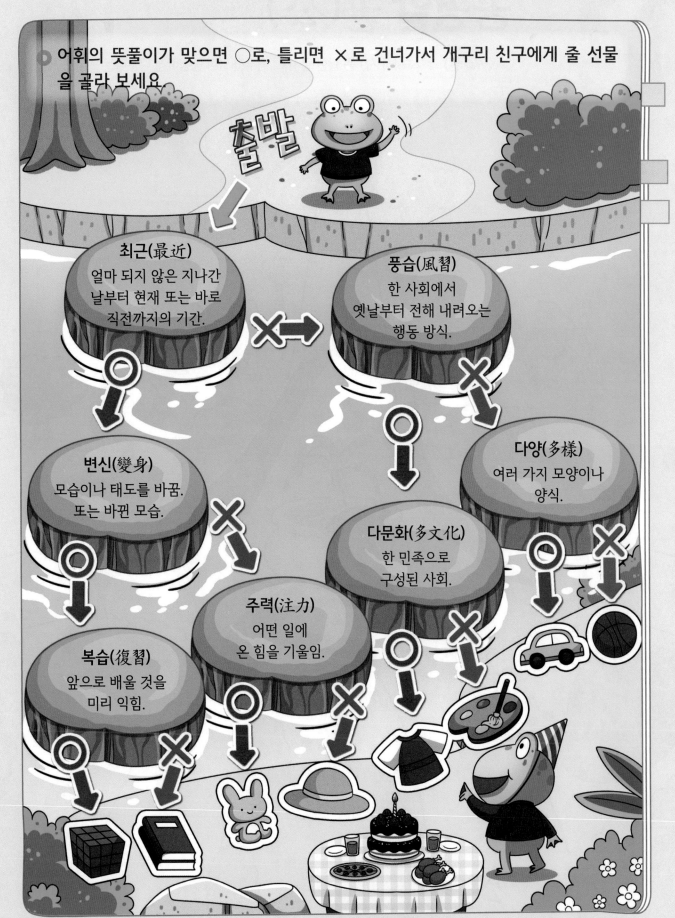

11

공평할 공(公)

'八(여덟 팔)'과 '厶(사사 사)'를 합한 글자로, 치우침 없이 공정하게 나눈다는 의미로 쓰입니다.

丿 八 公 公

영상으로 필순보기

◎ [1~4] 어휘의 뜻을 살펴보고, 알맞은 예문을 찾아 선을 연결하세요.

국어

공원

공평할 公 | 동산 園

뜻 여러 사람의 보건·휴양·놀이 등을 위한 정원과 같은 사회 시설.

• 1 밤하늘에서 레이저 [ ] 이 시작되고 있습니다.

수학

공연

공평할 公 | 펼 演

뜻 음악, 무용, 연극 등을 많은 사람 앞에서 보이는 일.

• 2 자연 보호와 [ ] 을 추구 하는 환경 신문을 만들어 봅시다.

도덕

공익

공평할 公 | 더할 益

뜻 사회 전체의 이익.

• 3 날씨가 따뜻해 [ ] 으로 나들이를 나온 시민들이 많아졌습니다.

사회

공공

공평할 公 | 함께 共

뜻 국가나 사회의 구성원에게 두루 관계되는 것.

• 4 이 기관은 [ ] 의 이익을 추구하며 여러 사람들에게 도움이 되는 일을 합니다.

문제로 어휘 力 높여요

1 밑줄 친 말의 뜻으로 알맞은 것에 ✔표를 하세요.

> 판사는 법률에 따라 <u>공정</u>한 재판을 하려고 노력했다.

☐ 공평하다   ☐ 뛰어나다   ☐ 엄숙하다   ☐ 공들이다

2 빈칸에 알맞은 어휘를 〈보기〉에서 골라 쓰세요.

> **보기**
>
> 공원(공평할 公, 동산 圓)   공연(공평할 公, 펼 演)

1 [　　　　] 이 끝난 뒤 배우들과 함께 사진을 찍었다.

2 날이 따뜻해지자 [　　　　] 에서 운동하는 사람이 많아졌다.

3 '공공'의 뒤에 들어가기 <u>어려운</u> 어휘에 ◯표를 하세요.

> 공공(公共)   뜻 국가나 사회의 구성원에게 두루 관계되는 것.
>
> 예 공공 [　　　　]

기관   생활   도서관   음료수

4 다음 표에서 뜻이 비슷하거나 반대되는 어휘를 찾아 ◯표를 하세요.

1 공연(公演)		
비슷한 뜻		
당연	상연	자연

2 공익(公益)		
반대의 뜻		
사익	손익	편익

○ '공평할 공(公)'이 들어가는 어휘를 넣어서 글을 써 보세요.

질서를 잘 지키는 '바른이'가 등장하는 연극을 보았습니다. 연극이 끝나고 나오는 길, 함께 관람한 부모님과 이 연극에 대한 감상을 나누어 볼까요?

도움말 공연, 주인공, 공익, 공공 등에 '공평할 공(公)'이 들어가요.

예 정말 재미있는 공연이었어요. 주인공인 '바른이'가 질서를 잘 지키는 모습을 보면서 저 또한 공공질서를 잘 지켜야겠다고 생각했어요.

따라 쓰며 **한자** 力 완성해요

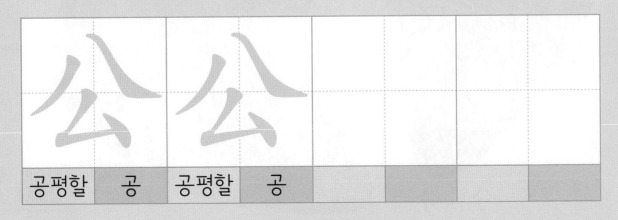

公		公			
공평할	공	공평할	공		

오늘의 학습을 평가해 보아요. 😞 부족함 😐 보통임 😊 잘함

12 나눌 분(分)

사물이 나누어진 모습을 그린 '八(여덟 팔)'에 '刀(칼 도)'를 결합한 글자입니다. 칼로 사물을 반으로 나눈 모습에서 '나누어 주다', '베풀어 주다'라는 뜻을 나타냅니다.

ノ 八 今 分

영상으로 필순 보기

○ **[1~4]** 어휘의 뜻을 살펴보고, 빈칸에 알맞은 어휘를 찾아 한글로 쓰세요.

과학	국어
분 리 나눌 分 ㆍ 떠날 離 뜻 서로 나뉘어 떨어지거나, 떨어지게 함.	**분 류** 나눌 分 ㆍ 무리 類 뜻 종류에 따라서 가름.
수학	수학
선 분 줄 線 ㆍ 나눌 分 뜻 직선 위의 두 점에 한정된 부분.	**부 분** 떼 部 ㆍ 나눌 分 뜻 전체를 이루는 작은 범위. 또는 전체를 몇 개로 나눈 것의 하나.

1 피자를 똑같이 두 [   ](으)로 나누었습니다.

2 공사장에서는 체를 사용하여 모래에 섞인 자갈을 [   ]합니다.

3 나는 강아지 그림을 그렸습니다. 꼬리는 [   ], 다리는 직사각형 모양입니다.

4 해파리처럼 제법 큰 생물일지라도 물의 흐름을 거슬러 헤엄칠 수 없다면 모두 플랑크톤으로 [   ]합니다.

1 밑줄 친 어휘의 뜻으로 알맞은 말을 괄호 안에서 골라 ○표를 하세요.

> 빵 반죽을 할 때에는 우선 달걀흰자만 <u>분리</u>해서 거품을 냅니다.

뜻 서로 (나뉘어 | 더하여) (섞이게 | 떨어지게) 함.

2 빈칸에 들어갈 알맞은 어휘에 ✔표를 하세요.

> 학급 문고의 책들을 소설, 수필, 설명하는 글로 [   ] 하여 정리했습니다.

[ ] 분수(分數)　　[ ] 분류(分類)　　[ ] 분간(分揀)　　[ ] 분열(分裂)

3 보기의 도형과 글을 보고, 빈칸에 공통으로 들어갈 어휘를 쓰세요.

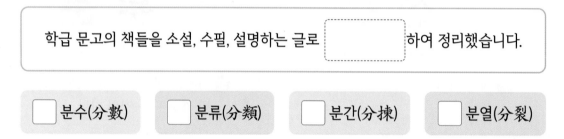

보기

세 개의 [ㅅㅂ] 가운데에서 길이가 가장

긴 것은 '[ㅅㅂ] EF'입니다. 길이가 가장 긴

[ㅅㅂ] 은/는 원의 중심을 지납니다.

[✎　　　　　]

4 다음 표에서 뜻이 비슷하거나 반대되는 어휘를 찾아 ○표를 하세요.

내부		전체
농부	부분(部分)	전원
일부		전력

비슷한 뜻　　　반대의 뜻

● '나눌 분(分)'이 들어가는 어휘를 넣어서 글을 써 보세요.

이번 주말에는 동생과 함께 재활용품 분리배출을 하기로 했어요. 분리배출을 처음 해 보는 동생에게 자신이 알고 있는 분리배출 방법을 설명해 주세요.

도움말 분리, 분류, 부분, 구분 등에 '나눌 분(分)'이 들어가요.

예 분리배출을 할 때에는 먼저 재활용품을 플라스틱, 고철, 종이로 분류해야 해. 혹시 섞인 것은 없는지 잘 구분한 뒤에, 분리배출 장소에 모아 놓으면 돼.

따라 쓰며 **한자 力** 완성해요

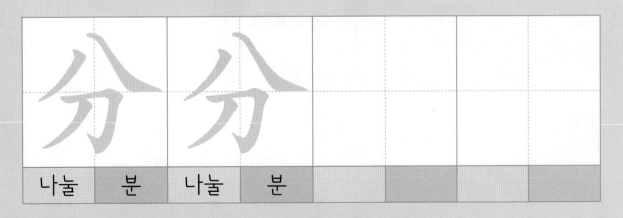

分	分			
나눌 분	나눌 분			

오늘의 학습을 평가해 보아요. 😞 부족함 😐 보통임 😊 잘함

13

소리 음(音)

'言(말씀 언)'에 획을 하나 더한 모양으로, 가락을 붙인 말이나 악기 소리 등 '소리'와 관련된 뜻을 나타냅니다.

`丶　一　十　立　立　产　音　音　音`

영상으로 필순 보기

'소리 음(音)'이 들어간 어휘

○ **[1~4]** 어휘의 뜻을 살펴보고, 알맞은 예문을 찾아 선을 연결하세요.

사회

소음
떠들 騷　소리 音

뜻 불규칙하게 뒤섞여 불쾌하고 시끄러운 소리.

• ──────── •1 ⬚ 소리를 상상하며 몸을 움직여 볼까요?

과학

방음
막을 防　소리 音

뜻 소리가 새어 나가거나 안으로 들어오지 못하도록 막음.

• ──────── •2 모두가 잠든 늦은 밤 시간대에는 층간 ⬚ 을 주의하여 주세요.

체육

음악
소리 音　노래 樂

뜻 박자, 가락, 음성 등으로 생각이나 느낌을 나타내는 예술.

• ──────── •3 받침 'ㅎ'은 뒤따르는 소리에 따라 ⬚ 을 달리해야 합니다.

국어

발음
필 發　소리 音

뜻 음성을 냄. 또는 그 음성.

• ──────── •4 도로변의 ⬚ 벽은 도로에서 생긴 소리를 반사하여 소음을 줄입니다.

문제로 어휘力 높여요

1 밑줄 친 어휘에 '소리 음(音)'이 들어갈 수 <u>없는</u> 문장에 ✓표를 하세요.

- [ ] 문 밖에서 아빠의 <u>음성</u>이 들렸습니다.
- [ ] 우리 반 친구들은 <u>음식</u>을 남기지 않고 다 먹었습니다.
- [ ] 연주자들은 자신의 연주를 <u>녹음</u>해 두었다가 다시 들어 보고는 합니다.

2 빈칸에 공통으로 들어갈 어휘를 쓰세요.

준수: 내가 [ㅂㅇ] 이/가 어려운 문장을 읽어 볼게. 잘 들어 봐. 내가 그린 기린
그림은 긴 기린 그림이고, 네가 그린 기린 그림은 안 긴 기린 그림이다! 어때?

수현: 아, 어지러워. 기린, 그림, 기린, 그림…… 반복되는 어휘의 [ㅂㅇ] 은/는
구별하기가 어렵구나.

[✎   ]

3 '음악'의 뜻을 보고, 이에 해당하지 <u>않는</u> 것을 고르세요.

> **음악(音樂)** 뜻 박자, 가락, 음성 등으로 생각이나 느낌을 나타내는 예술.

① 형이 부른 휘파람   ② 영화에 나온 연주곡   ③ 길에서 들은 기타 소리
④ 부모님과 본 조각 전시회   ⑤ 발표회 때 친구가 부른 노래

4 빈칸에 알맞은 어휘를 보기 에서 골라 쓰세요.

> **보기**
> 소음(떠들 騷, 소리 音)   방음(막을 防, 소리 音)

1 벽에 [   ] 장치를 했더니 피아노 소리가 들리지 않습니다.

2 비둘기들은 도시의 [   ] 과 매연 속에서도 잘 살아가고 있었습니다.

정답과 해설 118쪽

 글 쓰며 **표현**力 높여요

○ '소리 음(音)'이 들어가는 어휘를 넣어서 글을 써 보세요.

내가 가장 좋아하는 가수가 신곡을 녹음하려고 해요. 음악 감독은 바로 나! 녹음을 시작하기 전, 가수에게 여러 가지 조언을 해 볼까요?

도움말 음악, 음성, 음향, 발음, 방음 등에 '소리 음(音)'이 들어가요.

예 이번 음악은 나지막한 음성으로 차분하게 부르는 게 좋겠습니다. 음향 효과 때문에 가사 전달이 잘 안 될 수 있으니 정확하게 발음해 주세요.

따라 쓰며 **한자**力 완성해요

音	音			
소리 음	소리 음			

오늘의 학습을 평가해 보아요. ☹ 부족함 ☺ 보통임 ☺ 잘함

14 들 야(野)

뜻을 나타내는 '里(마을 리)'와 음을 나타내는 '予(여→야)'를 합한 글자로, 마을에서 떨어진 곳이나 넓디 넓은 곳을 나타냅니다.

영상으로 필순 보기

一 口 日 日 旦 里 里 野 野 野

○ [1~4] 어휘의 뜻을 살펴보고, 빈칸에 알맞은 어휘를 찾아 한글로 쓰세요.

미술

분 **야**

나눌 分   들 野

뜻 여러 갈래로 나누어진 범위나 부분.

과학

야 **생**

들 野   날 生

뜻 산이나 들에서 저절로 나서 자람.
또는 그런 생물.

실과

야 **외**

들 野   바깥 外

뜻 시가지에서 조금 멀리 떨어져 있는 들판.
또는 집 밖이나 노천.

체육

야 **구**

들 野   공 球

뜻 9명씩 구성된 두 팀이 9회씩 공격과 수
비를 거듭하며 승패를 겨루는 구기 경기.

'누(루)'란 내야의 세 모서리 지점에 고정시켜
놓은 부분을 나타내는 야구 용어야.

1 발 [　　　　]은/는 발로 공을 차고 누*를 돌아와 점수를 얻는 경기입니다.

2 미술은 건축, 문학 등 여러 [　　　　]와/과 영향을 주고받으며 발전해 왔습니다.

3 [　　　　]에서 체험 활동을 할 때에는 벌레에 물리지 않도록 약품을 바르거나 목
이 긴 신발과 바지를 착용합니다.

4 [　　　　]동물을 치료하고 재활 훈련을 하려면 동물의 특성을 이해해야 하고, 동
물을 사랑하는 마음을 가져야 합니다.

1 밑줄 친 어휘의 뜻으로 알맞은 말을 괄호 안에서 골라 ○표를 하세요.

> • 아버지는 반도체 <u>분야</u>에 종사하는 기술자입니다.
>
> • 수영이는 새로운 <u>분야</u>에 관심이 생겨 공부하고 있습니다.

뜻 여러 (사람 | 갈래)(으)로 나누어진 (범위나 부분 | 행동이나 마음).

2 밑줄 친 곳에 '야외(野外)'가 <u>어색한</u> 문장의 기호를 쓰세요.

> ㉠ 사방이 막힌 _____는 몹시 더웠습니다.
>
> ㉡ 사촌 형의 결혼식은 _____에서 진행되었습니다.
>
> ㉢ _____로 나간 우리 가족은 즐거운 시간을 보냈습니다.

[✎   ]

3 빈칸에 들어갈 어휘에 ✔표를 하세요.

> 이 숲에는 [   ] 동물들이 살고 있으므로 개발을 막아야 합니다.

☐ 야생(野生)　　☐ 야채(野菜)　　☐ 임야(林野)　　☐ 평야(平野)

4 밑줄 친 어휘의 각 글자에 해당하는 한자를 골라 ✔표를 하세요.

> 지난 주말에 아버지와 함께 1루 관객석에 앉아 <u>야구</u> 경기를 보았습니다.

1 (야)　☐ 野(들 야)　　☐ 夜(밤 야)　　☐ 也(잇기 야)

2 (구)　☐ 口(입 구)　　☐ 九(아홉 구)　　☐ 球(공 구)

정답과 해설 119쪽

글 쓰며 **표현力** 높여요

○ '들 야(野)'가 들어가는 어휘를 넣어서 글을 써 보세요.

가족과 함께 나들이를 다녀온 날입니다. 오늘 있었던 일을 떠올리며 그 내용을 일기장에 써 보세요.

도움말 야생, 야외, 야구, 야채, 광야 등에 '들 야(野)'가 들어가요.

예 부모님과 함께 야외로 나들이를 다녀왔다. 산에 올라가 울창한 나무숲도 보았고, 야생 청설모도 보았다. 점심으로는 집에서 싸 간 야채 김밥을 맛있게 먹었다. 즐거운 시간이었다.

따라 쓰며 **한자力** 완성해요

野 野

들 야 들 야

오늘의 학습을 평가해 보아요. ☹ 부족함 ☺ 보통임 ☺ 잘함

15

화목할 화(和)

'禾(벼 화)'와 '口(입 구)'를 합한 글자로, '사람의 목소리와 목소리가 조화를 이루다', '화목하다'라는 의미를 나타냅니다.

영상으로 필순 보기

丿 二 千 禾 禾 和 和 和

○ [1~4] 어휘의 뜻을 살펴보고, 알맞은 예문을 찾아 선을 연결하세요.

도덕

화 목

화목할 和 화목할 睦

뜻 서로 뜻이 맞고 정다움.

• 1 누구와 다투거나 [ ]해 본 경험을 생각해 봅시다.

국어

평 화

평평할 平 화목할 和

뜻 평온하고 화목함.

• 2 [ ]한 가정을 만들기 위한 일을 찾아 실천해 봅시다.

국어

화 해

화목할 和 풀 解

뜻 싸움하던 것을 멈추고 서로 가지고 있던 안 좋은 감정을 풀어 없앰.

• 3 소프라노는 가락을, 알토와 베이스는 [ ]을/를 연주하기에 적합합니다.

음악

화 음

화목할 和 소리 音

뜻 높이가 다른 둘 이상의 음이 함께 울릴 때 어울리는 소리.

• 4 태극기의 흰색에는 우리나라 사람들의 [ ]을/를 사랑하는 마음이 담겨 있습니다.

1 밑줄 친 어휘의 뜻으로 알맞은 말을 괄호 안에서 골라 ○표를 하세요.

> 수십 명의 합창대원들이 목소리를 합쳐 아름다운 <u>화음</u>을 이루었습니다.

🌸 (높이가 | 악기가) 다른 둘 이상의 음이 함께 울릴 때 (대립되는 | 어울리는) 소리.

2 빈칸에 알맞은 어휘를 **보기**에서 골라 쓰세요.

보기
> 화목(화목할 和, 화목할 睦)　　　화해(화목할 和, 풀 解)

1 할머니는 [　　　　]한 가정에서 한평생 행복하게 사셨다고 합니다.

2 예서는 어제 다투었던 일은 잊고 앞으로 잘 지내자며 [　　　　]을/를 청했습니다.

3 밑줄 친 어휘와 뜻이 비슷한 어휘에 ✔표를 하세요.

> 오랜 전쟁에 지친 국민들은 <u>평화</u>를 간절하게 바라고 있습니다.

☐ 평균　　　☐ 평등　　　☐ 평온　　　☐ 평행

4 밑줄 친 어휘에 '화목할 화(和)'가 들어갈 수 <u>없는</u> 문장의 기호를 쓰세요.

> ㉠ 오케스트라에서는 악기 연주 간의 <u>조화</u>가 중요합니다.
> ㉡ 모든 구성원이 <u>화합</u>해야 이 어려움을 극복할 수 있습니다.
> ㉢ 나는 외국인과 영어로 <u>대화</u>를 나눌 수 있도록 열심히 공부하였습니다.

[✎　　　　　]

○ '화목할 화(和)'가 들어가는 어휘를 넣어서 글을 써 보세요.

사람들은 평화의 상징으로 하얀 비둘기를 많이 떠올려요. 그렇다면 비둘기 말고 평화를 상징할 만한 다른 대상은 없을까요? 평화를 표현하는 나만의 상징을 찾아, 그 까닭과 함께 이야기해 보세요.

도움말 평화, 화음, 조화, 화합 등에 '화목할 화(和)'가 들어가요.

예 내가 생각하는 평화의 상징은 손목시계이다. 숫자와 시침, 분침이 조화를 이루어 항상 일정한 속도로 돌아가며 정확한 시간을 알려 주는 손목시계! 언제 어디서든 마음의 평화를 지켜 주는 나만의 상징이다.

따라 쓰며 **한자**力완성해요

和	和				
화목할 화	화목할 화				

오늘의 학습을 평가해 보아요. 😞 부족함 😐 보통임 😊 잘함

1~2 다음 글을 읽고, 물음에 답하세요.

일반 공연(公演)과 달리 야외(野外) 공연(公演)장에서는 넓고 활기찬 분위기에서 자유롭게 돌아다니고, 맛있는 것도 먹으면서 음악(音樂)을 들을 수 있습니다. 무대에 오른 가수들은 이 날만을 기다렸다는 듯 관객들과 함께 신나게 노래를 부릅니다. 객석 곳곳에서도 환호가 터져 나옵니다. 흥이 오른 관객들은 자리에서 벌떡 일어나 몸을 흔들고, 가수가 무대에 오를 때 큰 목소리로 환호를 합니다. 이곳에서는 어떤 소음(騷音)도 문제가 되지 않습니다.

각 음악 축제는 개최 의도에 따라 다양한 주제를 담고 있습니다. 친구들 사이의 우정과 성장, 가족 간의 갈등과 화해(和解), 세계 평화(平和)와 안전……. 음악을 들으며 이 주제의 의미를 생각해 보는 것도 축제를 즐기는 방법일 것입니다.

1 이 글의 중심 화제로 알맞은 것을 고르세요.

① 관객   ② 축제   ③ 극장   ④ 가족   ⑤ 소음

2 음악 축제에 대한 옳은 설명에는 ○표를, 그렇지 않은 설명에는 ✕표를 하세요.

1 축제마다 다양한 주제가 담겨 있다. ······· [   ]

2 주변에 피해를 주지 않으려고 소음을 철저히 금지한다. ······· [   ]

3 야외 공연장에서는 관객들이 자유롭게 돌아다닐 수 있다. ······· [   ]

 생활 속 성어

지 음
알 知   소리 音

중국 춘추 시대 거문고의 명인 '백아'와 그의 친구 '종자기'의 고사에서 유래된 표현입니다. '백아'가 거문고를 연주하면 '종자기'는 그 소리를 듣고 악상을 정확히 떠올렸다고 합니다. 이처럼 '지음(知音)'은 거문고 소리를 듣고 안다는 뜻으로, 자기의 속마음까지 알아주는 친구를 의미하는 성어입니다.

> 지호야, 혹시 안 좋은 일 있었어?
>
> 사실은 우리 강아지가 아파서 병원에 입원했어. 그런데 어떻게 알았어?
>
> 그랬구나. 아까 전화할 때 네 목소리가 슬프게 들렸거든.
>
> 목소리만 듣고도 내 마음을 알아채다니…… 넌 나의 지음이야!^^

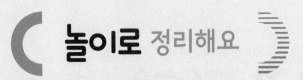

○ 쪽지를 읽고 친구 집에 가기 위해 타야 할 버스 번호를 맞혀 보세요.

안녕? 친구야!
우리 집에 올 때 타야 할 버스 번호가 궁금하지?
아래 뜻풀이에 해당하는 어휘를 1~0이 적힌 카드에서 찾아봐.
카드의 숫자를 순서대로 나열하면 버스 번호를 알 수 있을 거야.
10분 뒤에 버스가 도착할 예정이야.
시간이 얼마 남지 않았으니 서둘러! 그럼 이따가 우리 집에서 보자~^^

첫 번째 번호	종류에 따라서 가름.
두 번째 번호	국가나 사회의 구성원에게 두루 관계되는 것.
세 번째 번호	산이나 들에서 저절로 나서 자람. 또는 그런 생물.
네 번째 번호	싸움하던 것을 멈추고 서로 가지고 있던 안 좋은 감정을 풀어 없앰.

1 화해 (和解)	2 공공 (公共)	3 분류 (分類)	4 부분 (部分)	5 공원 (公園)
6 발음 (發音)	7 방음 (防音)	8 야생 (野生)	9 평화 (平和)	0 분리 (分離)

16

사귈 교(交)

다리를 꼬고 앉아 있는 사람의 모습을 나타낸 글자로, 다리를 엇갈렸다는 데서 '교차하다', '섞이다', '사귀다'라는 뜻을 나타냅니다.

비상교육역 1번 출구

영상으로 필순 보기

亠　亠　六　夳　交

○ **[1~4]** 어휘의 뜻을 살펴보고, 빈칸에 알맞은 어휘를 찾아 한글로 쓰세요.

사회	사회
교 통	**교 류**
사귈 交　통할 通	사귈 交　흐를 流
뜻 자동차·기차·배·비행기 등을 이용하여 사람이 오고 가거나, 짐을 나르는 일.	뜻 문화나 사상 등이 서로 통함.
국어	체육
교 환	**교 대**
사귈 交　바꿀 換	사귈 交　대신할 代
뜻 ① 서로 바꿈. ② 서로 주고받고 함.	뜻 어떤 일을 여럿이 나누어서 차례에 따라 맡아 함.

1 시간을 정해 놓고 [　　　　] 로 참여하면 모두가 즐겁게 놀 수 있습니다.

2 지역 간 [　　　　] 이/가 활발해지면서 사람들은 다양한 문화 속에서 함께 어우러져 살아갑니다.

3 육천 년 전, 드디어 사람들은 저마다 남는 물건을 바꾸어 쓰는, 물물 [　　　　] 을/를 하기 시작했습니다.

4 오늘날 많은 사람들은 승용차, 버스, 전철, 고속 열차, 비행기 등과 같은 다양한 [　　　　] 수단을 이용합니다.

문제로 어휘 力 높여요

1 밑줄 친 곳에 공통으로 들어갈 어휘에 ✔표를 하세요.

> • 낙타는 사막의 중요한 _____ 수단이다.
> • _____ 이/가 발달하자 사람들의 생활 공간이 훨씬 넓어졌다.

☐ 교차(交叉)　　☐ 교환(交換)　　☐ 교통(交通)　　☐ 교대(交代)

2 밑줄 친 어휘와 바꾸어 쓸 수 있는 어휘에 ○표를 하세요.

새로 산 냉장고가 불량이라, 가게에서 새것으로 <u>바꾸었다.</u>

↳ (나누었다 | 교환했다 | 연결했다)

3 빈칸에 '교류(交流)'가 어색한 문장의 기호를 쓰세요.

> ㉠ 준기는 성격이 활발하여 [　　　　] 관계가 좋은 편입니다.
>
> ㉡ 두 나라는 서로 이웃하며 예로부터 [　　　　]가 활발하였습니다.
>
> ㉢ 다양한 문화적 [　　　　]로 다른 지역과 좋은 영향을 주고받을 수 있습니다.

[✎　　　]

4 밑줄 친 어휘에 유의하여 다음 질문에 답하세요.

> 아래와 같이 정우, 태인, 민서는 순서대로 <u>교대(交代)</u>하며 칠판을 닦기로 했습니다. 금요일에는 누가 칠판을 닦아야 할까요?

월	화	수	목	금
정우	태인	민서	정우	?

[✎　　　]

글 쓰며 **표현力** 높여요

○ '사귈 교(交)'가 들어가는 어휘를 넣어서 글을 써 보세요.

두루미가 여우네 집에 놀러 갔어요! 그런데 여우가 차려 준 음식이 모두 납작한 접시에 담겨 있지 뭐예요. 두루미는 긴 부리 때문에 맛있는 음식을 하나도 먹을 수가 없었어요. 여우가 다음에는 그런 실수를 하지 않도록 이야기해 주세요.

도움말 교류, 교대, 교체, 교우 등에 '사귈 교(交)'가 들어가요.

예 여우야, 두루미는 부리가 길어서 납작한 접시로는 밥을 먹기가 힘들어. 목이 긴 접시로 교환해 주는 것은 어떨까? 그러면 두루미와 교우 관계도 더 좋아질 거야.

따라 쓰며 **한자力** 완성해요

交	交			
사귈 교	사귈 교			

오늘의 학습을 평가해 보아요. 😞 부족함 😐 보통임 😊 잘함

17 나라 국(國)

'囗(에워쌀 위)'와 창을 들고 성벽을 경비하는 모습을 그린 '或(혹 혹)'을 합한 글자입니다.
국경을 에워싸고 적이 침입하지 못하게 했다는 데에서 '나라'를 뜻합니다.

영상으로 필순 보기

| 丨 | 冂 | 冂 | 冋 | 冋 | 冋 | 冋 | 國 | 國 | 國 | 國 |

78

○ **[1~4]** 어휘의 뜻을 살펴보고, 알맞은 예문을 찾아 선을 연결하세요.

국어

국기
나라 國 | 깃발 旗

뜻 한 나라를 나타내는 깃발.

•

• **1** ☐를 지나치게 많이 사용하지 말고 우리말을 씁시다.

체육

국제
나라 國 | 사이 際

뜻 여러 나라에 관련되거나 여러 나라가 참여하는 것.

•

• **2** 운동장에는 갖가지 무늬와 색깔의 ☐들이 물결처럼 출렁거립니다.

국어

외국어
바깥 外 | 나라 國 | 말씀 語

뜻 다른 나라의 말.

•

• **3** 우리는 ☐의원에게 교통안전 문제를 해결해 달라고 편지를 썼습니다.

'입법'이란 법을 만들어 정하는 것을 말해.

사회

국회
나라 國 | 모일 會

뜻 국민의 대표로 구성한 입법* 기관.

•

• **4** 우리나라를 대표하는 선수들이 이번 ☐야구 대회에서 경기를 승리로 이끌었습니다.

1 밑줄 친 글자가 왼쪽의 한자로 쓰이지 <u>않는</u> 어휘에 ✔표를 하세요.

國
나라 국

☐ 애<u>국</u>가   ☐ 우체<u>국</u>   ☐ <u>국</u>립 도서관

2 빈칸에 공통으로 들어갈 어휘를 쓰세요.

이번 현충일 추모 행사는 ┌ ┌ 에 대한 경례로 시작하겠습니다. 모두 자리
에서 일어나 정면에 있는 ┌ ┌ 을/를 향해 주시기 바랍니다.

[✎   ]

3 밑줄 친 어휘에 해당하지 <u>않는</u> 것을 고르세요.

<u>외국어</u>를 우리말로 척척 바꾸어 말해 주는 기계가 있다면 얼마나 좋을까?

① 영어   ② 태국어   ③ 몽골어   ④ 고사성어   ⑤ 스페인어

4 빈칸에 알맞은 어휘를 보기에서 골라 쓰세요.

보기
국제(나라 國, 사이 際)   국회(나라 國, 모일 會)

1 새로운 법이 [   ]에서 통과되었다는 소식이 국민에게 전해졌습니다.

2 다른 나라에서 살고 있는 친구와 [   ] 전화로 서로의 안부를 나누었어요.

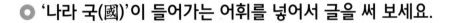
○ '나라 국(國)'이 들어가는 어휘를 넣어서 글을 써 보세요.

우리나라에서 올림픽을 개최하게 되어 세계 방방곡곡에서 운동선수들이 온대요. 여러분이 만약 선수들을 도와주는 '올림픽 자원 봉사자'로 일하게 된다면 어떤 일을 할 수 있을까요? 자유롭게 상상해 봐요.

 국기, 국제, 외국어, 대한민국, 국가 등에 '나라 국(國)'이 들어가요.

예 저는 각 나라의 운동선수들이 올림픽 경기장에 입장할 때, 국가 이름이 쓰인 안내판을 들고 선수들을 인솔하고 싶어요. 그러면 선수들이 우왕좌왕하지 않고 각자의 국기 앞을 잘 찾아갈 수 있겠죠?

따라 쓰며 **한자** 力 완성해요

國	國		
나라 국	나라 국		

오늘의 학습을 평가해 보아요. 😞 부족함 😐 보통임 😊 잘함

18

따뜻할 온(溫)

데워진 물[氵]이 담긴 대야[皿]에서 몸을 씻고 있는 사람[囚]을 표현한 글자로, '따뜻하다'
를 뜻합니다.

영상으로 필순 보기

丶 丶 氵 氵 沪 泗 沪 泗 渭 温 温 温 温

○ [1~4] 어휘의 뜻을 살펴보고, 알맞은 예문을 찾아 선을 연결하세요.

과학
온 천
따뜻할 溫 샘 泉

뜻 땅의 열에 의하여 지하수가 데워져 솟아 나오는 샘.

• 1 화산 주변의 [   ]을/를 개발하여 관광지로 이용합니다.

체육
체 온
몸 體 따뜻할 溫

뜻 몸의 온도.

• 2 나무를 심으면 나무가 이산화탄소를 흡수해 지구 [   ] 예방에 도움이 돼요.

체육
온 도
따뜻할 溫 법도 度

뜻 따뜻함과 차가움의 정도.

• 3 물놀이 사고 시, 구명조끼를 입고 팔과 다리를 몸통으로 최대한 바짝 붙여 [   ]을/를 지킵니다.

국어
온 난 화
따뜻할 溫 따뜻할 暖 될 化

뜻 지구의 기온이 높아지는 현상.

• 4 수영장에서 물놀이를 할 때에는 물의 [   ]이/가 적당한지 꼭 확인한 다음에 물놀이를 시작해야 합니다.

1 빈칸에 공통으로 들어갈 어휘를 쓰세요.

- 갑작스러운 [ㅇ ㄷ] 변화에 대비하여 겉옷을 준비해 주시기 바랍니다.

- 꽃에 튀김옷을 입혀 낮은 [ㅇ ㄷ] (으)로 튀긴 음식이 이 지역의 별미입니다.

[✐   ]

2 밑줄 친 말을 뜻하는 어휘에 ◯표를 하세요.

고양이를 품에 안으니, 보드라운 털과 따뜻한 <u>몸의 온도</u>가 느껴졌어요.

| 온수 | 기온 | 온정 | 체온 |

3 밑줄 친 '온천'의 쓰임이 <u>어색한</u> 문장에 ✔표를 하세요.

[ ] 어부들은 배를 타고 <u>온천</u>을 건넜다.

[ ] <u>온천</u>에서 목욕하면 몸이 개운해지고 피부도 보들보들해진다.

[ ] 이 <u>온천</u>의 온도는 매우 높아 계란을 넣어 익힐 수 있을 정도이다.

4 '온(溫)' 자를 넣어, 다음 대화의 중심 화제를 쓰세요.

북극곰: 지구의 기온이 너무 뜨거워요. 북극의 얼음이 녹아서 살 곳이 점점 없어져요.

바다거북: 바닷물의 온도도 높아져서 해초와 같은 먹을 것을 찾기가 어려워요.

[✐ 지구 [ ] [ ] [ ] 의 문제]

○ '따뜻할 온(溫)'이 들어가는 어휘를 넣어서 글을 써 보세요.

부모님께서 나에게 주말에 어디에 놀러 가고 싶은지 물어보셨어요. 우리 가족에게 뜻깊은 추억이 될 만한 장소를 곰곰이 생각해 볼까요?

도움말 온천, 체온, 온도, 온탕, 온돌, 온실 등에 '따뜻할 온(溫)'이 들어가요.

예 저는 온천에 놀러 가고 싶어요. 제가 가고 싶은 온천은 물의 온도에 따라 물의 색깔이 달라진대요. 가족과 함께 다양한 색깔의 온탕을 돌아다니며 몸을 담그면 재미있을 것 같아요.

따라 쓰며 **한자 力** 완성해요

溫	溫			
따뜻할 온	따뜻할 온			

오늘의 학습을 평가해 보아요. ☹ 부족함 😐 보통임 😊 잘함

85

통할 통(通)

'辶(辵, 쉬엄쉬엄 갈 착)'과 '甬(대롱 통)'이 합한 글자로, 속이 뻥 뚫려 있는 대롱처럼 막힘이 없다는 데에서 잘 '통하다'라는 뜻을 나타냅니다.

《 영상으로 필순 보기 》

フ マ マ 丐 甬 甬 甬 甬 涌 涌 涌 通

○ [1~4] 어휘의 뜻을 살펴보고, 빈칸에 알맞은 어휘를 찾아 한글로 쓰세요.

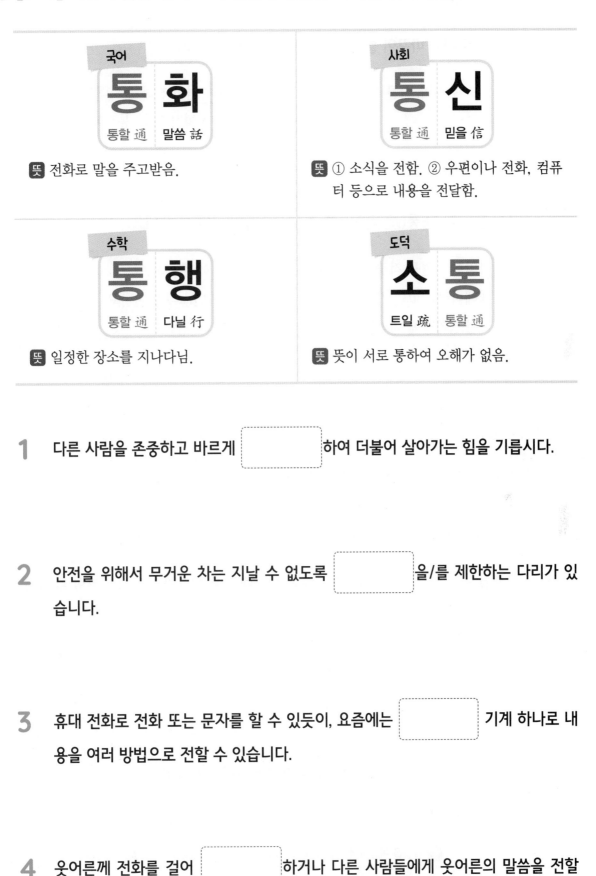

국어

통 화
통할 通 · 말씀 話

뜻 전화로 말을 주고받음.

사회

통 신
통할 通 · 믿을 信

뜻 ① 소식을 전함. ② 우편이나 전화, 컴퓨터 등으로 내용을 전달함.

수학

통 행
통할 通 · 다닐 行

뜻 일정한 장소를 지나다님.

도덕

소 통
트일 疏 · 통할 通

뜻 뜻이 서로 통하여 오해가 없음.

1 다른 사람을 존중하고 바르게 [ ] 하여 더불어 살아가는 힘을 기릅시다.

2 안전을 위해서 무거운 차는 지날 수 없도록 [ ] 을/를 제한하는 다리가 있습니다.

3 휴대 전화로 전화 또는 문자를 할 수 있듯이, 요즘에는 [ ] 기계 하나로 내용을 여러 방법으로 전할 수 있습니다.

4 웃어른께 전화를 걸어 [ ] 하거나 다른 사람들에게 웃어른의 말씀을 전할 때에도 높임 표현을 사용합니다.

1 밑줄 친 어휘와 바꾸어 쓸 수 있는 어휘에 ○표를 하세요.

어진아, 다른 학교로 전학 가도 자주 <u>전화하면서</u> 친하게 지내자.

↳ (통화하면서 | 통지하면서)

2 밑줄 친 곳에 '소통(疏通)'을 쓸 수 <u>없는</u> 문장의 기호를 쓰세요.

┌───┐
│ ㉠ 다양한 의견을 적극적으로 말하며 _____해 주세요. │
│ ㉡ 텔레비전을 끄면 가족 사이의 _____이 자연스레 늘어나요. │
│ ㉢ 이번 정거장에 내리는 사람이 없어서, 버스가 정거장을 _____했어요. │
└───┘

[✎   ]

3 빈칸에 공통으로 들어갈 어휘에 ✔표를 하세요.

┌───┐
│ • 아주 옛날에는 북이나 나팔을 [   ] 수단으로 사용했다. │
│   │
│ • 요즘은 [   ] 이/가 발달해서 외국에 있는 친구와도 쉽게 연락할 수 있다. │
└───┘

☐ 통행(通行)   ☐ 통용(通用)   ☐ 공통(共通)   ☐ 통신(通信)

4 다음 끝말잇기의 빈칸에 공통으로 들어갈 글자를 고르세요.

교 [ ] → [ ] 로

뜻 탈것을 이용하여 사람이 오고 가거나, 짐을 나르는 일.

뜻 다닐 수 있게 트인 길.

① 국(國)   ② 교(敎)   ③ 통(通)   ④ 온(溫)   ⑤ 의(意)

글 쓰며 **표현** 力 높여요

○ '통할 통(通)'이 들어가는 어휘를 넣어서 글을 써 보세요.

서로 사랑하지만, 까마귀와 까치가 다리를 놔 주는 칠월 칠석에만 만날 수 있다는 견우와 직녀의 슬픈 이야기, 알고 있나요? 하지만 요즘은 직접 만나지 않고도 대화할 수 있는 방법이 많아졌어요. 견우와 직녀에게 그 방법을 알려 주세요!

도움말 통화, 통신, 통행, 소통, 통과 등에 '통할 통(通)'이 들어가요.

예 견우와 직녀야, 안녕? 일 년에 단 하루만 만날 수 있다니, 서로 많이 보고 싶겠다. 그럴 때에는 영상 통화를 이용해 봐. 멀리 있어도 얼굴을 보면서 소통할 수 있어.

따라 쓰며 **한자** 力 완성해요

通	通			
통할 통	통할 통			

오늘의 학습을 평가해 보아요. 😞 부족함 😐 보통임 😊 잘함

20 뜻 의(意)

'音(소리 음)'과 '心(마음 심)'이 합한 글자로, 마음[心]에서 우러나오는 소리[音]라는 점에서 '뜻'이나 '의미'를 나타냅니다.

丶 亠 ㇏ ㇒ 立 产 音 音 音 音 意 意 意

영상으로 필순 보기

○ **[1~4]** 어휘의 뜻을 살펴보고, 빈칸에 알맞은 어휘를 찾아 한글로 쓰세요.

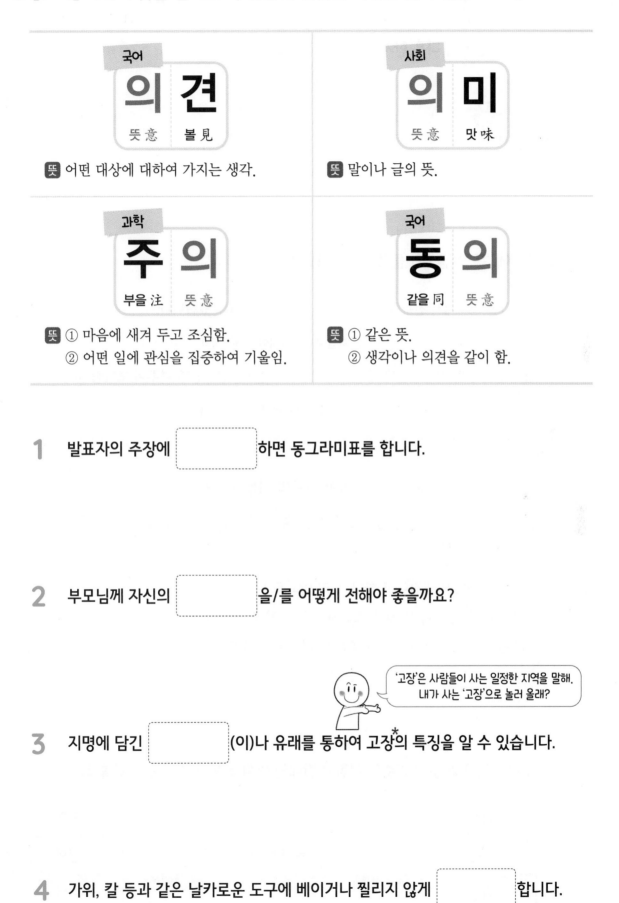

국어
의 견
뜻意 볼見
뜻 어떤 대상에 대하여 가지는 생각.

사회
의 미
뜻意 맛味
뜻 말이나 글의 뜻.

과학
주 의
부을注 뜻意
뜻 ① 마음에 새겨 두고 조심함.
② 어떤 일에 관심을 집중하여 기울임.

국어
동 의
같을同 뜻意
뜻 ① 같은 뜻.
② 생각이나 의견을 같이 함.

1 발표자의 주장에 〔   〕하면 동그라미표를 합니다.

2 부모님께 자신의 〔   〕을/를 어떻게 전해야 좋을까요?

'고장'은 사람들이 사는 일정한 지역을 말해.
내가 사는 '고장'으로 놀러 올래?

3 지명에 담긴 〔   〕(이)나 유래를 통하여 고장*의 특징을 알 수 있습니다.

4 가위, 칼 등과 같은 날카로운 도구에 베이거나 찔리지 않게 〔   〕합니다.

1 밑줄 친 글자가 다음 한자로 쓰이는 것을 고르세요.

意
뜻 의

① 탈의   ② 주의   ③ 의상

④ 의식주   ⑤ 민주주의

2 빈칸에 '뜻 의(意)'가 들어가는 어휘를 쓰세요.

1 학급 회의에서 친구들과 [   ]을/를 주고받았습니다.

↳ 어떤 대상에 대하여 가지는 생각.

2 이 책의 마지막 구절에 대한 [   ]을/를 선생님께 여쭈어 보았습니다.

↳ 말이나 글의 뜻.

3 다음 문장을 바르게 이해하고 말한 친구의 이름을 쓰세요.

> 오늘 아침 기상청에서 '태풍 주의보'를 발표했다.

재원: 태풍이 약해진다고 하니, 우리 야외로 나들이 가자.

세영: 어머, 태풍이 올 것을 조심해서 일찍 집에 가야겠어.

기현: 오늘 날씨가 오랜만에 갠다니 가벼운 옷을 입어야지.

[✐   ]

4 '동의(同意)'와 뜻이 비슷한 어휘와 반대인 어휘를 하나씩 찾아 ◯표를 하세요.

완성		의의
찬성	동의(同意)	선의
합성		이의

비슷한 뜻   반대의 뜻

○ '뜻 의(意)'가 들어가는 어휘를 넣어서 글을 써 보세요.

귀여운 강아지가 우리 가족이 되었어요. 특별한 뜻을 담아 우리 집에 온 강아지의 이름을 지어 주세요. 그리고 강아지를 키울 때 조심해야 하는 점을 써 보세요.

> **도움말** 의미, 의견, 동의, 주의, 의도, 고의 등에 '뜻 의(義)'가 들어가요.

예 우리 집 강아지는 동글동글한 도토리를 닮았다는 의미에서 토리라고 이름을 붙여 줬어요! 강아지는 발바닥 만지는 것을 싫어한다고 배웠어요. 토리의 발바닥을 고의로 만지지 않도록 주의할 거예요.

따라 쓰며 **한자力** 완성해요

意	意			
뜻 의	뜻 의			

오늘의 학습을 평가해 보아요. ☹ 부족함 😐 보통임 😊 잘함

1~2 다음 글을 읽고, 물음에 답하세요.

오늘은 여러분에게 저의 직업인 '외교관'이 어떤 일을 하는지 알려 주려고 해요. 외교관은 우리나라를 대표해 다른 나라의 외교관들과 교류(交流)하며 국제(國際)적인 문제를 해결한답니다. 요즘에는 통신(通信) 기술의 발달로 직접 만나지 않고도, 영상 통화(通話)로 회의하기도 합니다. 최근에 저는 지구 온난화(溫暖化)를 해결하고자 다른 나라의 외교관과 화상 회의로 [   ]을/를 주고받으며 소통(疏通)했지요. 이처럼 외교관은 나라를 대표하여 생각을 전달해야 하므로, 무엇보다 시각이 한쪽으로 치우치지 않도록 주의(注意)해야 합니다. 그리고 국제 정치와 법을 잘 이해하고, 외국어(外國語) 실력을 쌓아 두는 것도 도움이 되지요.

1 빈칸에 들어갈 어휘를 고르세요.

① 의견   ② 통행   ③ 의도   ④ 교환   ⑤ 동의

2 '외교관'에 대한 설명으로 알맞지 <u>않은</u> 것을 고르세요.

① 공정한 시각을 갖추어야 한다.

② 국제적인 문제를 해결하는 직업이다.

③ 국제 정치와 법을 잘 알고 있어야 한다.

④ 지구 온난화의 과학적인 원인을 직접 밝혀야 한다.

⑤ 우리나라를 대표해 다른 나라의 외교관과 소통한다.

생활 속 성어 **득 의 양 양**
얻을 得   뜻 意   오를 揚   오를 揚

바라던 일이 이루어지면 하늘로 날아오를 듯 몹시 기쁩니다. 스스로 훌륭하다는 생각이 들어 어깨를 으쓱거리기도 합니다. 이처럼 '득의양양'은 원하던 일이 이루어져 매우 기분이 좋은 모습을 나타내는 말입니다.

오늘 수영 잘했어?

당연하지! 이번 시합에서 신기록을 세웠다고!

우아. 그동안 열심히 연습하더니, 아주 득의양양한 걸?

응. 열심히 노력했는데, 목표를 이루어서 기뻐. ^^

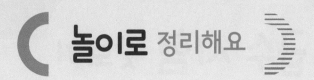

놀이로 정리해요

정답과 해설 127쪽

● 뜻풀이에 해당하는 어휘를 골라 퍼즐을 맞춰 보세요.

급수 시험 맛보기

1 한자의 뜻과 음으로 바른 것을 고르세요.

1 感   ① 느낄 감   ② 많을 다   ③ 나눌 분   ④ 따뜻할 온

2 和   ① 뜻 의   ② 겉 표   ③ 익힐 습   ④ 화목할 화

2 뜻과 음에 알맞은 한자를 고르세요.

1 대신할 대   ① 代   ② 身   ③ 野   ④ 共

2 통할 통   ① 開   ② 音   ③ 通   ④ 國

3 어휘를 바르게 읽은 것을 고르세요.

1 注意   ① 주인   ② 주의   ③ 동의   ④ 동요

2 分野   ① 분류   ② 시야   ③ 분리   ④ 분야

4 어휘의 뜻으로 알맞은 것을 고르세요.

1 注油所

① 통장에 돈을 넣는 곳.   ② 우체통에 편지를 넣는 곳.

③ 자동차 등에 기름을 넣는 곳.   ④ 자전거 바퀴에 바람을 넣는 곳.

2 溫暖化

① 지구의 기온이 높아지는 현상.

② 어떤 일을 해낼 수 있다는 느낌.

③ 어떤 활동을 한동안 중단했다가 다시 시작함.

④ 한 사회 안에 여러 민족이나 여러 국가의 문화가 섞여 있는 것.

5 밑줄 친 어휘를 바르게 읽은 것을 고르세요.

1 내가 제일 자신 있는 과목은 <u>音樂</u>이다.

① 국어   ② 과학   ③ 음악   ④ 도덕

2 <u>公園</u>에 산책을 나온 강아지들이 많다.

① 정원   ② 공원   ③ 공연   ④ 학원

6 밑줄 친 어휘를 한자로 바르게 쓴 것을 고르세요.

> 놀이동산 앞에 모인 사람들은 잔뜩 들뜬 <u>표정</u>을 하고 있었다.

① 表現   ② 感動   ③ 表情   ④ 共感

7 '平和'와 뜻이 비슷한 어휘를 고르세요.

① 野生   ② 學習   ③ 開學   ④ 和睦

8 빈칸에 공통으로 들어갈 한자를 고르세요.

> ☐流   ☐換   ☐代

① 習   ② 近   ③ 表   ④ 交

정답과 해설

완자

공부력 가이드

완자 공부력 시리즈는
앞으로도 계속 출간될 예정입니다.

국어
맞춤법
바로 쓰기
1~2학년용
4책

쓰기력

전과목
어휘
1~6학년용
12책

전과목
한자
어휘
1~6학년용
12책

영어
파닉스
1~2학년용
2책

영어
영단어
3~6학년용
8책

어휘력

국어
독해
1~6학년용
12책

한국사
독해
인물편
3~6학년용
4책

한국사
독해
시대편
3~6학년용
4책

독해력

수학
계산
1~6학년용
12책

계산력

완자 공부력 시리즈로 공부 근육을 키워요!

매일 성장하는
초등 자기개발서
ⓦ 완자
공부력

학습의 기초가 되는 읽기, 쓰기, 셈하기와 관련된

공부력을 키워야 여러 교과를 터득하기 쉬워집니다.

또한 어휘력과 독해력, 쓰기력, 계산력을 바탕으로 한

'공부력'은 자기주도 학습으로 상당한 단계까지 올라갈 수

있는 밑바탕이 되어 줍니다. 그래서 매일 꾸준한 학습이 가능한

'완자 공부력 시리즈'로 공부하면 자기주도학습이 가능한

튼튼한 공부 근육을 키울 수 있을 것이라 확신합니다.

효과적인 공부력 강화 계획을 세워요!

◯ 학년별 공부 계획

내 학년에 맞게 꾸준하게 공부 계획을 세워요!

		1-2학년	3-4학년	5-6학년
기본	독해	국어 독해 1A 1B 2A 2B	국어 독해 3A 3B 4A 4B	국어 독해 5A 5B 6A 6B
	계산	수학 계산 1A 1B 2A 2B	수학 계산 3A 3B 4A 4B	수학 계산 5A 5B 6A 6B
	어휘	전과목 어휘 1A 1B 2A 2B	전과목 어휘 3A 3B 4A 4B	전과목 어휘 5A 5B 6A 6B
		파닉스 1 2	영단어 3A 3B 4A 4B	영단어 5A 5B 6A 6B
확장	어휘	전과목 한자 어휘 1A 1B 2A 2B	전과목 한자 어휘 3A 3B 4A 4B	전과목 한자 어휘 5A 5B 6A 6B
	쓰기	맞춤법 바로 쓰기 1A 1B 2A 2B		
	독해		한국사 독해 인물편 1 2 3 4	
			한국사 독해 시대편 1 2 3 4	

○ 시기별 공부 계획

학기 중에는 **기본**, **방학 중**에는 **기본 + 확장**으로 공부 계획을 세워요!

방학 중			
학기 중			확장
기본			
독해	계산	어휘	어휘, 쓰기, 독해
국어 독해	수학 계산	전과목 어휘	전과목 한자 어휘
		파닉스(1~2학년) 영단어(3~6학년)	맞춤법 바로 쓰기(1~2학년) 한국사 독해(3~6학년)

예시 **초1 학기 중 공부 계획표** 주 5일 하루 3과목 (45분)

월	화	수	목	금
국어 독해	국어 독해	국어 독해	국어 독해	국어 독해
수학 계산	수학 계산	수학 계산	수학 계산	수학 계산
전과목 어휘	파닉스	전과목 어휘	전과목 어휘	파닉스

예시 **초4 방학 중 공부 계획표** 주 5일 하루 4과목 (60분)

월	화	수	목	금
국어 독해	국어 독해	국어 독해	국어 독해	국어 독해
수학 계산	수학 계산	수학 계산	수학 계산	수학 계산
전과목 어휘	영단어	전과목 어휘	전과목 어휘	영단어
한국사 독해 인물편	전과목 한자 어휘	한국사 독해 인물편	전과목 한자 어휘	한국사 독해 인물편

01 열 개(開)

○ '열 개(開)'가 들어간 어휘

본문 9쪽

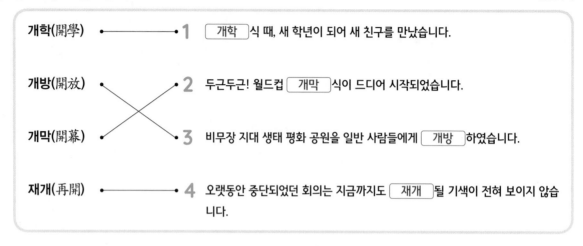

개학(開學) ────── **1** [개학]식 때, 새 학년이 되어 새 친구를 만났습니다.

개방(開放) ──┐ ┌── **2** 두근두근! 월드컵 [개막]식이 드디어 시작되었습니다.

개막(開幕) ──┘ └── **3** 비무장 지대 생태 평화 공원을 일반 사람들에게 [개방]하였습니다.

재개(再開) ────── **4** 오랫동안 중단되었던 회의는 지금까지도 [재개]될 기색이 전혀 보이지 않습니다.

문제로 어휘力 높여요

본문 10쪽

1 올림, 시작
'개막(開幕)'은 막을 '올림'이라는 뜻으로, 연극이나 음악회, 행사 등을 '시작'함의 의미로 사용한다.

2 재개(再開)
두 문장 모두 어떠한 이유로 잠시 중단했던 것을 다시 시작한다는 내용이므로, 밑줄 친 곳에는 공통으로 '재개(再開)'가 들어갈 수 있다. '개통(開通)'은 길, 다리, 철로, 전화, 전신 등을 완성하거나 이어 통하게 함을, '공개(公開)'는 어떤 사실이나 사물, 내용 등을 여러 사람에게 널리 터놓음을, '개폐(開閉)'는 열고 닫음을 의미한다.

3 개학
방학을 마치고 새로운 학기가 시작하는 때를 가리키는 말이 들어가야 하므로 '개학(開學)'이 적절하다.

4 ①
제시된 문장에서 '개방(開放)하다'는 문을 열어 놓아 자유롭게 이용하게 하다를 의미하므로, '열다'와 뜻이 비슷하다.

글 쓰며 표현力 높여요

본문 11쪽

예시 엄마, 제가 가수 ○○○ 좋아하는 것 아시죠? 어린 시절부터 자신만의 연주법을 개발했고, 노래도 잘하는 실력자예요. 앞으로 개학하면 바빠질 텐데, 그전에 그 가수의 공연을 보고 싶어요.

느낄 감(感)

○ '느낄 감(感)'이 들어간 어휘

본문 13쪽

1 책을 읽은 후, 각자 재미있게 읽었거나 [감동] 받은 부분을 찾습니다.

2 사물을 관찰할 때에는 눈, 코, 입, 귀, 피부 등 [감각] 기관을 사용합니다.

3 책을 읽고 다른 친구들과 함께 [소감]을 이야기할 수 있어서 재미있었습니다.

4 저는 최선을 다해 노력할 때면 뭐든지 잘할 수 있을 것 같은 [자신감]이 생깁니다.

◖ 문제로 **어휘**力높여요 ◗

본문 14쪽

1 감각
오감이란 다섯 가지 자극에 의해 생기는 '감각(感覺)'을 가리킨다. '감상(感想)'은 마음속에서 일어나는 느낌이나 생각을, '감정(感情)'은 어떤 현상이나 일에 대하여 일어나는 마음이나 느끼는 기분을, '감성(感性)'은 자극이나 자극의 변화를 느끼는 성질을 뜻한다.

2 **1** 친밀감 **2** 자신감
1 가족 간의 사랑 표현으로 서로 친하고 가까운 느낌을 전할 수 있다는 내용이므로, 빈칸에는 지내는 사이가 매우 친하고 가까운 느낌을 의미하는 '친밀감(親密感)'이 알맞다.
2 친구들 앞에서 당당한 태도로 발표해야 한다는 내용이므로, 빈칸에는 어떤 일을 해낼 수 있다는 느낌을 의미하는 '자신감(自信感)'이 알맞다.

3 감동했다
'감동(感動)하다'는 '크게 느끼어 마음이 움직이다.'라는 뜻을 지닌 어휘이므로, 연설을 듣고 마음이 움직였다는 부분과 바꾸어 쓸 수 있다. '다정(多情)하다'는 '정이 많다.'라는 의미를 전달할 때 쓰인다.

4 ㉢
'소감(所感)'은 마음에 느낀 바를 뜻하는 말로, 어떤 것을 감상하거나 경험한 일에 대한 생각을 나타내는 말로 쓰인다. ㉢에는 어떤 일을 하려는 마음을 뜻하는 말이 들어가야 한다.

◖ 글 쓰며 **표현**力높여요 ◗

본문 15쪽

예시 안녕하세요. 저를 선뜻 도와주셔서 감동했습니다. 그날 이후로 저도 작은 도움이 필요한 친구들을 보면 지나치지 않으려고 노력하게 되었어요. 그때는 당혹스러움과 긴장감에 감사하다는 말도 제대로 못했네요. 정말 감사드립니다.

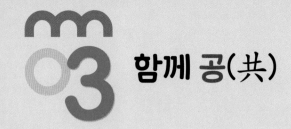

03 함께 공(共)

본문 17쪽

○ '함께 공(共)'이 들어간 어휘

공통(共通) • • 1 나도 같은 경험이 있어서 네 말에 [공감]할 수 있었어.

공유(共有) • • 2 다음 문장들에 [공통]으로 쓰인 표현은 무엇인가요?

공감(共感) • • 3 [공동체] 구성원 모두가 행복해질 수 있도록 노력해야 합니다.

공동체(共同體) • • 4 경찰관은 무전기를 활용하여 여러 사람과 상황을 [공유]합니다.

문제로 어휘⑰높여요

본문 18쪽

1 공간
'공간'은 빈 곳을 뜻하는 말로 '空(빌 공)' 자가 쓰인다. '공존'은 같이 존재함을, '공생'은 같이 삶을 뜻하는 말로 모두 '共(함께 공)' 자가 쓰인다.

2 공동체
'공동체(共同體)'는 생활이나 행동 또는 목적 등을 같이하는 집단을 가리키는 말로, 이 집단 안에서 함께하고 있다는 생각과 감정을 '공동체 의식'이라고 한다.

3 ③
'공통(共通)'은 둘 이상의 여럿 사이에 두루 통함을 의미한다. 따라서 제시된 문장은 걷기에 대한 의사들의 의견이 같다는 내용이므로, '공통'과 반대의 뜻을 지닌 어휘는 서로 다름을 뜻하는 '차이(差異)'이다.

4 1 공유 2 공감
1 서로의 생각을 함께 나누는 시간을 가졌다는 내용이므로, 빈칸에 '공유(共有)'가 알맞다.
2 서로의 감정을 이해하고 자기도 같은 감정을 느꼈다는 내용이므로, 빈칸에 '공감(共感)'이 알맞다.

글 쓰며 표현⑰높여요

본문 19쪽

예시 선생님의 말씀을 떠올려 봐. 자연과 인간이 공존할 수 있을 때 더 나은 공동체가 될 수 있다고 하셨잖아. 너도 이 생각에 공감한다면 꽃을 꺾지 말아 줘.

대신할 대(代)

○ '대신할 대(代)'가 들어간 어휘 본문 21쪽

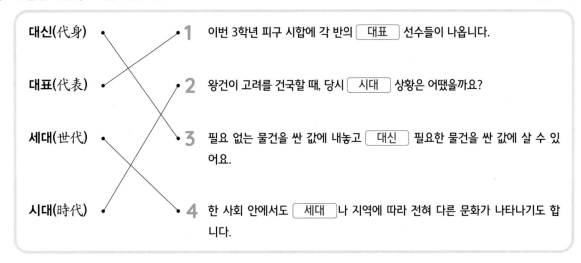

대신(代身) • • 1 이번 3학년 피구 시합에 각 반의 [대표] 선수들이 나옵니다.

대표(代表) • • 2 왕건이 고려를 건국할 때, 당시 [시대] 상황은 어땠을까요?

세대(世代) • • 3 필요 없는 물건을 싼 값에 내놓고 [대신] 필요한 물건을 싼 값에 살 수 있어요.

시대(時代) • • 4 한 사회 안에서도 [세대]나 지역에 따라 전혀 다른 문화가 나타나기도 합니다.

○ 문제로 **어휘 力** 높여요 본문 22쪽

1 代

어휘를 달달 외우는 대신 뜻을 이해하라는 의미이므로, 밑줄 친 말은 '代(대신할 대)'와 뜻이 통한다. 나머지 한자는 차례대로 '열 개(開)', '느낄 감(感)', '함께 공(共)'이다.

2 ㉢

'대표(代表)'는 전체를 어느 하나로 잘 나타냄을 뜻한다. ㉠의 '씨름'과 ㉡의 '중심 문장'은 각각 세시 풍속과 문단 내용 전체를 잘 나타낸 것에 해당하므로, 밑줄 친 곳에 '대표'가 들어갈 수 있다. 그러나 ㉢의 '물건'은 전체를 대신하여 나타낸 것으로 보기 어려우므로, 밑줄 친 곳에 '대표'를 쓸 수 없다.

3 은서

'대신(代身)'은 '어떤 대상의 자리나 역할을 바꾸어서 새로 맡음.'이라는 뜻을 지닌 어휘이다. 즉 진경이가 해야 할 일을 우희가 바꾸어서 맡아 해 주었다는 내용이므로, 원래 오늘의 청소 당번이 진경이었음을 알 수 있다.

4 1 시대 2 세대

1 과학 기술이 발전하고 있는 지금의 시대에 대한 내용이므로, 빈칸에는 지금 있는 그 시기 또는 문제가 되고 있는 그 시기를 의미하는 '시대(時代)'가 알맞다.

2 소통이 부족하여 집단 사이에 갈등이 생긴다는 내용이므로, 빈칸에는 같은 시대에 살면서 비슷한 생각을 지닌 나이대의 사람 전체를 의미하는 '세대(世代)'가 알맞다.

○ 글 쓰며 **표현 力** 높여요 본문 23쪽

예시 십 대를 맞아 처음으로 맡은 자리입니다. 그런 만큼 우리 반의 대표로서 솔선수범하는 모습을 보이도록 노력하겠습니다. 힘들고 어려운 일이 있으면 저에게 기꺼이 말해 주세요. 제가 우리 반의 마음의 소리함을 대신하겠습니다. 감사합니다.

겉 표(表)

○ '겉 표(表)'가 들어간 어휘   본문 25쪽

1 책의 [표지]와/과 그림을 살펴보고 내용을 예상해 봅시다.

2 지구의 [표면]은/는 크게 육지와 바다로 나눌 수 있습니다.

3 만화 영화에서 재미있게 본 장면을 역할극으로 [표현]했습니다.

4 시무룩한 아이들의 [표정]을/를 보면 저도 마음이 편하지 않습니다.

문제로 어휘 力 높여요 본문 26쪽

1 표정
두 문장 모두 마음속의 감정이 얼굴에 드러난다는 내용이므로, 빈칸에는 공통으로 '표정(表情)'이 들어갈 수 있다.

2 표지
'표지(表紙)'는 책의 맨 앞뒤의 겉장을 가리키며, 여기에는 제목과 글쓴이, 출판사 등에 대한 정보가 담겨 있다. '표어(標語)'는 주의나 주장 등을 짧게 표현한 말을 의미하며, '표준(標準)'은 어떤 대상을 판단하기 위한 근거나 기준을 의미한다. '표층(表層)'은 여러 층으로 된 것의 가장 겉을 이루고 있는 층을 의미한다.

3 ㉢
'표면(表面)'은 사물의 가장 바깥쪽, 또는 가장 윗부분을 가리키는 말이다. ㉠에서는 호수의 가장 바깥쪽을 ㉡에서는 그릇의 가장 바깥쪽을 가리키는 어휘로 알맞게 쓰였다. 그러나 ㉢의 문장에는 물체의 겉을 싸고 있는 단단하지 않은 물질을 의미하는 '껍질'이 어울린다.

4 ③
빈칸에는 모두 '겉 표(表)'를 써서 '발표'와 '표현'으로 끝말잇기를 할 수 있다.

글 쓰며 표현 力 높여요 본문 27쪽

(예시) 책 표지에 거울을 붙이는 방법을 생각해 봤어요. 책을 보고 당혹스러워하거나 놀라는 독자의 표정을 거꾸로 보여 주는 거예요. 그래서 이 책을 읽으면 느낄 수 있는 감정을 표지로 표출해 보는 건 어떨까요?

독해로 마무리해요 ———————————————————— 본문 28쪽

1 ④

이 편지를 받는 사람은 아래층 아저씨이다. 그리고 이 편지에서 글쓴이는 첫인사와 함께 자신이 누구인지 말하고, 아래층 아저씨께 하고 싶은 말을 전하고 있다. 그러나 이 편지를 보낸 날짜는 밝히고 있지 않다.

2 층간 소음

동생이 집에서 뛰어다녀서 시끄러웠을 아래층 아저씨께 죄송한 마음을 표현하기 위해 이 편지를 썼다.

놀이로 정리해요 ———————————————————— 본문 29쪽

◉ 아래의 뜻풀이에 해당하는 어휘를 찾아 표시해 보세요.

개	학	교	질	백	세	대	표
막	생	소	감	동	상	신	현
교	실	리	각	비	교	육	실
가	과	차	이	자	표	개	방
공	통	점	소	신	리	방	송
동	합	기	공	감	표	홍	국
체	육	관	유	무	면	동	시

① 크게 느끼어 마음이 움직임. – 감동
② 어떤 일을 해낼 수 있다는 느낌. – 자신감
③ 방학을 마치고 다시 수업을 시작함. – 개학
④ 사물의 가장 바깥쪽. 또는 가장 윗부분. – 표면
⑤ 같은 시대에 사는 비슷한 나이층의 사람들. – 세대
⑥ 남의 감정과 의견 등에 자기도 그렇다고 느낌. – 공감
⑦ 생활이나 행동 또는 목적 등을 같이하는 집단. – 공동체

06 가까울 근(近)

본문 31쪽

○ '가까울 근(近)'이 들어간 어휘

친근(親近) •————• 1 [최근] 우리나라에서도 자주 지진이 발생하고 있다.

최근(最近) •————• 2 장승들 가운데에는 할아버지처럼 [친근]한 얼굴을 한 장승도 있다.

근처(近處) •————• 3 하키형 게임에서 수비를 잘하려면 공격수에게 [접근]하여 패스를 방해해야 해요.

접근(接近) •————• 4 우리 학교 [근처]에는 시장이 있어 불법으로 주차하는 차가 많다.

문제로 어휘力 높여요

본문 32쪽

1 **1** 친근감 **2** 최근
   1 '친근감'은 '親(친할 친)', '近(가까울 근)', '感(느낄 감)'으로 이루어진 어휘로, 자주 만나거나 어울려 사이가 아주 가까운 느낌을 뜻한다.
   2 '최근'은 '最(가장 최)'와 '近(가까울 근)'으로 이루어진 어휘로, 얼마 되지 않은 지나간 날부터 현재 또는 바로 직전까지의 기간을 뜻한다.
   '근원'은 '根(뿌리 근)'과 '源(근원 원)'으로 이루어진 어휘로, 물줄기가 나오기 시작하는 곳, 또는 사물이 비롯되는 근본이나 원인을 뜻한다. '위화감'은 '違(어긋날 위)', '和(화목할 화)', '感(느낄 감)'으로 이루어진 어휘로, 잘 어울리지 않아서 일어나는 어색한 느낌을 뜻한다.

2 ①
   '근거리'는 '近(가까울 근)', '距(떨어질 거)', '離(떠날 리)'로 이루어진 어휘로, 어느 한 곳에서 다른 곳까지의 짧은 거리를 뜻한다. 이와 반대되는 뜻의 어휘는 어느 한 곳에서 다른 곳까지의 먼 거리를 의미하는 '원거리'이다. 따라서 빈칸에는 '遠(멀 원)'이 들어가는 것이 적절하다.

3 **1** 접근 **2** 근처
   1 안내원에게 다가가 길을 묻는 상황이므로, 빈칸에는 가까이 다가감을 뜻하는 '접근(接近)'이 들어갈 수 있다.
   2 눈이 좋지 않아 가까이에 있는 것도 보기 힘들다는 내용이므로, 빈칸에는 가까운 곳을 뜻하는 '근처(近處)'가 들어갈 수 있다.

4 ⓒ
   '근본'은 '根(뿌리 근)'과 '本(근본 본)'으로 이루어진 어휘로, 사물의 본질이나 본바탕을 뜻한다. ⓐ '근방'은 '近(가까울 근)'과 '方(모 방)'으로 이루어진 어휘로, 가까운 곳을 뜻한다. ⓒ '원근감'은 '遠(멀 원)'과 '近(가까울 근)', '感(느낄 감)'으로 이루어진 어휘로, 멀고 가까운 거리에 대한 느낌을 의미한다.

글 쓰며 표현力 높여요

본문 33쪽

예시 근래에 제가 열심히 하고 있는 취미는 낚시입니다. 주로 아버지와 함께 마을 근처에 있는 강에 가서 낚시를 하는데, 큰 물고기가 접근해 낚싯대를 흔들 때에는 마음이 두근두근합니다. 앞으로는 바다낚시, 얼음낚시에도 도전해 볼 생각입니다. 여러분도 저처럼 낚시에 도전해 보세요.

07 많을 다(多)

○ '많을 다(多)'가 들어간 어휘

본문 35쪽

1 초등학생의 [대다수] 이/가 '연예인'을 희망 직업으로 뽑은 적도 있다.

2 우리 주변에는 동물, 식물, 곰팡이, 세균 등 [다양] 한 생물이 삽니다.

3 친구에게 고마움을 표현할 때에는 활짝 웃으며 [다정] 한 말투로 말해요.

4 [다문화] 사회에서 문화가 서로 다른 사람들이 만났을 때의 올바른 태도는 무엇인지 이야기해 봅시다.

) 문제로 어휘力 높여요 (

본문 36쪽

1 　① 다정　② 다방면
① 누군가를 대하는 마음과 관련된 내용이므로, 빈칸에는 정이 많거나 두터움을 뜻하는 '다정(多情)'이 알맞다.
② 많은 분야에 재능이 있다는 내용이므로, 빈칸에는 여러 방면을 뜻하는 '다방면(多方面)'이 알맞다.

2 　④

3 　① 다양　② 다문화
① 서로 다른 것이 모여 있는 상태와 관련된 어휘가 들어가야 하므로, 빈칸에는 '다양(多樣)'이 알맞다.
② 서로 다른 문화를 가진 사람들이 모여 사는 사회를 가리키는 어휘가 들어가야 하므로, 빈칸에는 '다문화(多文化)'가 알맞다.

4 　다
'다수결'은 '多(많을 다)', '數(셈 수)', '決(결정할 결)'로 이루어진 어휘로, 무엇을 결정할 때 많은 사람의 의견을 따르는 것을 의미한다.

) 글 쓰며 표현力 높여요 (

본문 37쪽

예시 안녕 채린아. 나는 큰별이야. 나는 대한민국 사람이지만, 외모가 달라서인지 새 학년이 시작되면 대다수 친구들은 나에게 외국인이냐고 물어봐. 그래서 속상할 때가 많았는데 너는 아무것도 묻지 않고 나에게 다정하게 다가와 주었어. 나와 친구가 되어 줘서 정말 고마워. 내일도 함께 재밌게 놀자. 그럼 안녕.

부을 주(注)

본문 39쪽

○ '부을 주(注)'가 들어간 어휘

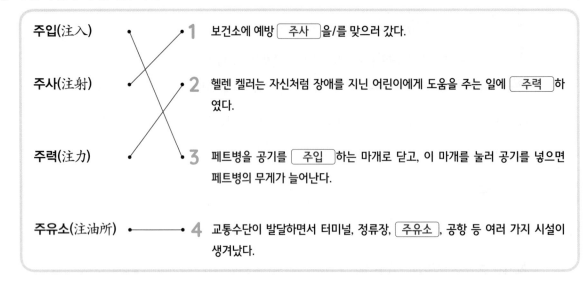

주입(注入) • — • 1 보건소에 예방 [주사]을/를 맞으러 갔다.

주사(注射) • — • 2 헬렌 켈러는 자신처럼 장애를 지닌 어린이에게 도움을 주는 일에 [주력]하였다.

주력(注力) • — • 3 페트병을 공기를 [주입]하는 마개로 닫고, 이 마개를 눌러 공기를 넣으면 페트병의 무게가 늘어난다.

주유소(注油所) • — • 4 교통수단이 발달하면서 터미널, 정류장, [주유소], 공항 등 여러 가지 시설이 생겨났다.

문제로 어휘**力**높여요

본문 40쪽

1 주사

첫 번째 문장에서는 병원에서 '이것'을 맞은 뒤 약을 처방받았다고 하였고, 두 번째 문장에서는 '이것'을 맞는 방으로 간호사를 따라 갔다고 하였다. 두 문장의 의미로 보아 빈칸에는 주사기에 담은 약을 사람이나 동물의 몸속에 넣는 일을 의미하는 '주사(注射)'가 들어가는 것이 적절하다.

2 ①

'온 힘을 기울임.'이라는 뜻을 가진 어휘는 '주력(注力)'이다. ② '감동'은 '感(느낄 감)'과 '動(움직일 동)'으로 이루어진 어휘로, 크게 느끼어 마음이 움직임을 뜻한다. ③ '공유'는 '共(함께 공)'과 '有(있을 유)'로 이루어진 어휘로, 두 사람 이상이 어떠한 대상을 함께 가지거나 나눔을 뜻한다. ④ '봉사'는 '奉(받들 봉)'과 '仕(벼슬/섬길 사)'로 이루어진 어휘로, 남을 위하여 자신을 돌보지 아니하고 힘을 바쳐 애씀을 뜻한다. ⑤ '대신'은 '代(대신할 대)'와 '身(몸 신)'으로 이루어진 어휘로, 어떤 대상의 자리나 역할을 바꾸어서 새로 맡음을 뜻한다.

3 주유소

빈칸에 들어갈 어휘는 차에 기름을 넣는 곳을 가리키는 '주유소(注油所)'이다.

4 ④

'주입(注入)'은 무언가를 흘러 들어가도록 부어 넣음을 뜻하므로, 자전거 타이어에 공기를 넣는 상황을 나타내기에 적절하다.

글 쓰며 표현**力**높여요

본문 41쪽

예시 저는 가족과 함께 제주도에 갔던 일이 인상적이었어요. 당일에 강풍 주의보가 내려져 비행기가 출발하지 못할까 봐 가족 모두 발을 동동 굴렸어요. 아버지는 일기 예보만 주시하고 계셨어요. 그런데 출발 시간에는 날씨가 거짓말처럼 맑아져서 우리 가족은 제주도에 무사히 도착했어요. 바다에서 놀고, 신선한 감귤 주스를 주문해서 먹으며 재밌는 시간을 보냈어요.

09 몸 신(身)

○ '몸 신(身)'이 들어간 어휘
본문 43쪽

1 여러 가지 동물로 [변신]하는 로봇을 선물받았어요.

2 글을 읽고, 친구들에게 [자신]의 의견을 말해 봅시다.

3 비만이 되면 [신체]이/가 균형 있게 자라기 힘듭니다.

4 경주에는 금으로 만든 [장신구], 도기, 유리병 등 신라의 문화유산이 많습니다.

⟨ 문제로 **어휘** 力 높여요 ⟩ ────────────────── 본문 44쪽

1 ㉠
㉠에 쓰인 '자신'은 '自(스스로 자)'와 '信(믿을 신)'으로 이루어진 어휘로, 어떤 일을 해낼 수 있다거나 어떤 일이 꼭 그렇게 되리라는 데 대하여 스스로 굳게 믿음을 뜻한다. ㉡과 ㉢에 쓰인 '자신'은 모두 그 사람의 몸 또는 바로 그 사람을 이르는 말인 '自身(자신)'이다.

2 **1** 신체   **2** 변신
1 '몸'은 머리에서 발까지의 전체를 가리키는 말로, '신체'와 뜻이 비슷하다. '신체'는 '身(몸 신)'과 '體(몸 체)'로 이루어진 어휘로, 사람의 몸을 뜻한다.
2 '탈바꿈'은 원래의 모양이나 형태를 바꿈을 의미하는 말로, '변신'과 뜻이 비슷하다. '변신'은 '變(변할 변)'과 '身(몸 신)'으로 이루어진 어휘로, 모습이나 태도를 바꾸거나 그렇게 바뀐 모습을 뜻한다.

3 장신구
'반지, 팔찌, 목걸이, 귀고리'는 모두 몸치장을 하는 데 쓰는 물건인 '장신구(裝身具)'에 포함된다.

4 ①
'몸[身]과 땅[土]은 둘[二]이 아니고[不] 하나.'라는 뜻의 한자 성어는 '신토불이(身土不二)'이다.

⟨ 글 쓰며 **표현** 力 높여요 ⟩ ────────────────── 본문 45쪽

예시 운동을 꾸준히 하지 않아서 운동 실력이 늘지 않는 것은 아닐까? 가벼운 운동이라도 매일매일 하면 신체를 단련할 수 있어. 걷기, 달리기 등은 전신 운동이라서 체력을 높이는 데 도움이 될 수 있대.

10 익힐 습(習)

본문 47쪽

○ '익힐 습(習)'이 들어간 어휘

연습(練習) •   •1 우리 모둠은 먼저 날씨를 살펴보고, 현장 체험 [학습] 가는 날을 정했다.

학습(學習) •   •2 우아! 힘이 들어도 꾹 참고 줄넘기 [연습]을 하더니 어려운 동작도 척척 잘 해내는구나.

복습(復習) •   •3 재미있는 문제를 풀면서 지난 시간에 배운 내용을 [복습]해 봅시다.

풍습(風習) •   •4 중국인들은 새해 첫날에는 대문에 '복(福)' 자를 써서 거꾸로 붙여 놓는 [풍습]이 있어요.

문제로 어휘力 높여요

본문 48쪽

1 학습

첫 번째 문장은 자연을 배우는 데 알맞은 곳으로 한라산을 소개한 내용이고, 두 번째 문장은 내일이 체험을 하며 배우는 활동을 하는 날임을 알리는 내용이다. 따라서 빈칸에는 학문이나 기술 등을 배워서 익힘을 의미하는 '학습(學習)'이 적절하다.

2 ③

'예습'은 '豫(미리 예)'와 '習(익힐 습)'으로 이루어진 어휘로, 앞으로 배울 것을 미리 익힘을 뜻한다. 이와 반대되는 뜻의 어휘는 배운 것을 다시 익혀 공부함을 의미하는 '복습'이다. 따라서 빈칸에는 '복(돌아올 復)'이 들어가는 것이 알맞다.

3 ⓒ

'연습(練習)'은 학문이나 기술 등을 익숙하도록 되풀이하여 익힘을 뜻한다. ㉠과 ⓒ은 모두 무언가를 잘하기 위해 되풀이하는 상황이므로, 빈칸에 '연습'이 쓰일 수 있다. 그러나 ⓒ은 자격증을 따기 위해 검사를 치르러 간 상황이므로, 빈칸에는 일정한 절차에 따라 검사하고 평가하는 일과 관련된 어휘가 알맞다.

4 풍습

'풍습'은 '風(바람 풍)'과 '習(익힐 습)'으로 이루어진 어휘로, 한 사회에서 옛날부터 전해 내려오는 행동 방식을 의미한다. 추석에 송편을 빚어서 먹는 일은 우리 민족의 '풍습(風習)'에 해당한다.

글 쓰며 표현力 높여요

본문 49쪽

예시 저는 그림 그리기 실력을 늘리려고 합니다. 일주일에 한 번은 습작을 그리고, 새로운 기술을 습득하기 위해서 열심히 그림 연습을 하겠습니다.

독해로 마무리해요 ──────────────────────────── 본문 50쪽

1 다문화

이 글에서는 다문화 사회가 무엇인지 설명하며 우리나라가 다문화 사회가 된 요인을 밝혔다. 그런 뒤 다문화 사회가 가진 문제를 해결해 나가야 한다는 점을 중심으로 내용을 전개하고 있다.

2 ②

첫 번째 문단에서 세계화로 인해 국가 간 인구 이동이 증가하면서 우리나라도 다문화 사회가 되어 가고 있다고 하였다. 그러므로 우리나라가 다문화 사회에서 벗어난 상태라는 설명은 적절하지 않다.

놀이로 정리해요 ──────────────────────────── 본문 51쪽

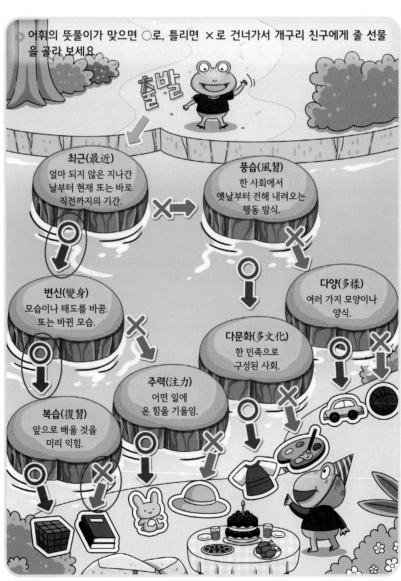

어휘의 뜻풀이가 맞으면 ○로, 틀리면 ×로 건너가서 개구리 친구에게 줄 선물을 골라 보세요.

출발

최근(最近) 얼마 되지 않은 지나간 날부터 현재 또는 바로 직전까지의 기간.

풍습(風習) 한 사회에서 옛날부터 전해 내려오는 행동 방식.

변신(變身) 모습이나 태도를 바꿈. 또는 바뀐 모습.

다양(多樣) 여러 가지 모양이나 양식.

다문화(多文化) 한 민족으로 구성된 사회.

주력(注力) 어떤 일에 온 힘을 기울임.

복습(復習) 앞으로 배울 것을 미리 익힘.

공평할 공(公)

본문 53쪽

○ '공평할 공(公)'이 들어간 어휘

공원(公園) · · 1 밤하늘에서 레이저 [공연]이 시작되고 있습니다.

공연(公演) · · 2 자연 보호와 [공익]을 추구하는 환경 신문을 만들어 봅시다.

공익(公益) · · 3 날씨가 따뜻해 [공원]으로 나들이를 나온 시민들이 많아졌습니다.

공공(公共) · · 4 이 기관은 [공공]의 이익을 추구하며 여러 사람들에게 도움이 되는 일을 합니다.

(문제로 **어휘 ㄲ** 높여요 **)** 본문 54쪽

1 공평하다
'공정(公正)'은 '공평하고 올바름.'이라는 뜻을 지닌 어휘이다. 이 어휘에서 '공(公)' 자는 '공평하다'라는 뜻으로 쓰였다.

2 ▣ 공연 ▣ 공원
▣ 배우들과 함께 사진을 찍었다는 내용으로 보아, 빈칸에 연극과 같이 많은 사람 앞에서 보이는 일인 '공연'이 알맞다.
▣ 사람들이 나와서 운동한다는 내용으로 보아, 빈칸에 여러 사람이 함께 이용할 수 있도록 만들어 놓은 사회 시설인 '공원'이 알맞다.

3 음료수
음료수는 국가나 사회의 구성원에게 두루 관계되는 것인 '공공'에 해당하지 않으므로, '공공'의 뒤에 들어가기 어렵다. 반면 '공공 기관', '공공 생활', '공공 도서관'은 모두 국가나 사회의 구성원에게 두루 관계되는 것에 해당한다.

4 ▣ 상연 ▣ 사익
▣ '상연(上演)'은 연극 등을 무대에서 하여 관객에게 보이는 일이라는 의미로, '공연(公演)'의 뜻과 비슷하다.
▣ '공익(公益)'은 사회 전체의 이익을 뜻한다. '사익(私益)'은 개인의 이익이라는 의미로, '공익'의 뜻과 반대된다.

(글 쓰며 **표현 ㄲ** 높여요 **)** 본문 55쪽

예시 공연에 나오는 주인공은 항상 질서를 잘 지켰어요. 공공 생활을 하며 질서를 지키는 건 공익을 위한 노력이기도 하고, 자기 자신과의 약속이기도 해요. 저도 '바른이'처럼 올바른 생활을 하고 싶어요.

12 나눌 분(分)

본문 57쪽

○ '나눌 분(分)'이 들어간 어휘

1 피자를 똑같이 두 [부분](으)로 나누었습니다.

2 공사장에서는 체를 사용하여 모래에 섞인 자갈을 [분리]합니다.

3 나는 강아지 그림을 그렸습니다. 꼬리는 [선분], 다리는 직사각형 모양입니다.

4 해파리처럼 제법 큰 생물일지라도 물의 흐름을 거슬러 헤엄칠 수 없다면 모두 플랑크톤으로 [분류]합니다.

문제로 어휘**力**높여요

본문 58쪽

1 나뉘어, 떨어지게
'분리'는 '分(나눌 분)'과 '離(떠날 리)'로 이루어진 어휘로, 서로 나뉘어 떨어지거나 떨어지게 함을 의미한다.

2 분류(分類)
학급 문고의 책들을 세 종류로 나누고 있으므로 종류에 따라서 가른다는 의미의 '분류(分類)'가 빈칸에 들어갈 수 있다. '분수(分數)'는 사물을 분별하는 지혜, 또는 자기에게 어울리는 알맞은 지위나 자격 등을 의미한다. '분간(分揀)'은 사물이나 사람의 옳고 그름, 좋고 나쁨 등을 가려냄을 의미한다. '분열(分裂)'은 찢어져 나뉨을 의미한다.

3 선분
'선분'은 '線(줄 선)'과 '分(나눌 분)'으로 이루어진 어휘로, 직선 위의 두 점에 한정된 부분을 가리킨다. E와 F를 양 끝으로 하는 '선분 EF'가 원의 중심을 지나고, 세 개의 선분 중에서 가장 길다.

4 • 비슷한 뜻: 일부   • 반대의 뜻: 전체
'부분(部分)'은 전체를 이루는 작은 범위, 또는 전체를 몇 개로 나눈 것의 하나를 의미한다. 이와 비슷한 뜻의 어휘는 한 부분, 또는 전체를 여럿으로 나눈 얼마를 의미하는 '일부(一部)'이다. 반대의 뜻의 어휘는 모든 부분을 의미하는 '전체(全體)'이다.

글 쓰며 표현**力**높여요

본문 59쪽

(예시) 재활용품을 분리배출할 때에는 일단 비슷한 종류끼리 분류하는 것이 제일 중요해. 혹시 플라스틱에 종이가 붙어 있는 부분이 있다면 떼서 따로 버리는 것이 좋아.

13 소리 음(音)

본문 61쪽

○ '소리 음(音)'이 들어간 어휘

소음(騷音) • | 1 | 음악 소리를 상상하며 몸을 움직여 볼까요?

방음(防音) • | 2 | 모두가 잠든 늦은 밤 시간대에는 층간 소음 을 주의하여 주세요.

음악(音樂) • | 3 | 받침 'ㅎ'은 뒤따르는 소리에 따라 발음 을 달리해야 합니다.

발음(發音) • | 4 | 도로변의 방음 벽은 도로에서 생긴 소리를 반사하여 소음을 줄입니다.

문제로 어휘力 높여요

본문 62쪽

1 우리 반 친구들은 음식을 남기지 않고 다 먹었습니다.

'음성(音聲)'은 사람의 목소리나 말소리를 의미하고, '녹음(錄音)'은 테이프나 판 또는 영화 필름 등에 소리를 기록함, 또는 그렇게 기록한 소리를 의미한다. 따라서 이는 모두 소리와 연관된 어휘이다. 그러나 '음식(飮食)'은 먹는 것으로 소리와 상관이 없으며, 이때의 '음'은 '마실 음(飮)'을 쓴다.

2 발음

두 친구는 비슷한 글자가 되풀이되어 정확히 소리 내어 말하기 어려운 문장에 대해 대화하고 있다. 따라서 빈칸에는 음성(사람의 말소리)을 뜻하는 '발음(發音)'이 들어갈 수 있다.

3 ④

휘파람, 연주곡, 기타 소리, 노래는 모두 음악에 해당하는 소리이다. 그러나 조각 전시회는 재료를 새기거나 깎아서 만든 작품을 눈으로 감상하는 것이므로 음악에 해당하지 않는다.

4 1 방음 2 소음

1 피아노 소리가 새어 나가거나 안으로 들어오지 못하게 막는 장치를 설치했다는 내용이므로, 빈칸에 '방음'이 알맞다.
2 문장의 흐름으로 보아 매연과 함께 도시의 안 좋은 특징에 해당하는 말이 들어가야 하므로, 빈칸에 '소음'이 알맞다.

글 쓰며 표현力 높여요

본문 63쪽

예시 오늘 음성이 좀 가라앉으신 것 같으니 물을 많이 드세요. 음악이 시작되면 소음이 섞이지 않게 주의해 주시고, 다른 분들도 조용히 해 주세요. 음향 준비됐습니다! 시작합시다.

14 들 야(野)

본문 65쪽

○ '들 야(野)'가 들어간 어휘

1 발 [야구] 은/는 발로 공을 차고 누를 돌아와 점수를 얻는 경기입니다.

2 미술은 건축, 문학 등 여러 [분야] 와/과 영향을 주고받으며 발전해 왔습니다.

3 [야외] 에서 체험 활동을 할 때에는 벌레에 물리지 않도록 약품을 바르거나 목이 긴 신발과 바지를 착용합니다.

4 [야생] 동물을 치료하고 재활 훈련을 하려면 동물의 특성을 이해해야 하고, 동물을 사랑하는 마음을 가져야 합니다.

문제로 어휘 力 높여요

본문 66쪽

1 갈래, 범위나 부분
'분야'는 '分(나눌 분)'과 '野(들 야)'로 이루어진 어휘로, 여러 갈래로 나누어진 범위나 부분을 뜻한다.

2 ㉠
'야외(野外)'는 시가지에서 조금 멀리 떨어져 있는 들판, 또는 집 밖이나 노천을 의미한다. 따라서 ㉠과 같이 '사방이 막힌 야외'라는 말은 어색하다. ㉠에는 방이나 건물 등의 안을 의미하는 어휘인 '실내(室內)'가 알맞다.

3 야생(野生)
숲에서 살고 사람의 손길을 타지 않은 동물들을 가리키는 말이어야 하므로, 빈칸에 '야생(野生)'이 들어가는 것이 적절하다. '야채(野菜)'는 들에서 자라나는 나물을 의미하고, '임야(林野)'는 숲과 들을 아울러 이르는 말이고, '평야(平野)'는 평평하고 너른 들을 의미한다.

4 **1** 野(들 야) **2** 球(공 구)
'야구'는 '野(들 야)'와 '球(공 구)'로 이루어진 어휘로, 9명씩 구성된 두 팀이 9회씩 공격과 수비를 거듭하며 승패를 겨루는 구기 경기를 가리킨다.

글 쓰며 표현 力 높여요

본문 67쪽

예시 가족과 함께 차를 타고 근교에 나갔다. 들판을 찾아 아버지, 형과 야구를 했다. 형은 역시 달리기가 빨랐지만, 이젠 나도 형을 많이 따라잡을 수 있었다. 야구를 끝마친 뒤엔 도시락을 먹었다. 야외에서 먹으니 더욱 맛있는 것 같았다.

15 화목할 화(和)

본문 69쪽

○ '화목할 화(和)'가 들어간 어휘

화목(和睦) ─ **1** 누구와 다투거나 [화해] 해 본 경험을 생각해 봅시다.

평화(平和) ─ **2** [화목] 한 가정을 만들기 위한 일을 찾아 실천해 봅시다.

화해(和解) ─ **3** 소프라노는 가락을, 알토와 베이스는 [화음] 을/를 연주하기에 적합합니다.

화음(和音) ─ **4** 태극기의 흰색에는 우리나라 사람들의 [평화] 을/를 사랑하는 마음이 담겨 있습니다.

문제로 어휘力높여요

본문 70쪽

1 높이가, 어울리는

'화음'은 '和(화목할 화)'와 '音(소리 음)'으로 이루어진 어휘로, 높이가 다른 둘 이상의 음이 함께 울릴 때 어울리는 소리를 뜻한다.

2 **1** 화목 **2** 화해

1 할머니가 행복하게 사셨다는 내용으로 보아, '화목(和睦)'한 가정에서 지냈음을 알 수 있다.

2 예서가 어제 다퉜던 일을 잊고 앞으로 잘 지내자고 말했다는 내용으로 보아, 예서가 친구에게 '화해(和解)'를 청했음을 알 수 있다.

3 평온

'평화(平和)'는 '평온하고 화목함.'이라는 뜻을 지닌 말로, 조용하고 평안함을 의미하는 '평온(平穩)'과 뜻이 비슷하다. '평균(平均)'은 여러 개의 수치의 합을 그 여럿으로 나눈 결과를, '평등(平等)'은 권리, 의무, 자격 등이 차별 없이 고르고 한결같음을 의미한다. '평행(平行)'은 두 개 이상의 직선 또는 평면이 서로 나란히 있어 만나지 않는 것을 뜻한다.

4 ⓒ

ⓒ의 '대화(對話)'는 마주 대하여 주고받는 이야기를 뜻하는 말로, '대할 대(對)'와 '말씀 화(話)'가 쓰인다. ㉠의 '조화(調和)'는 서로 잘 어울림을, ⓒ의 '화합(和合)'은 화목하게 어울림을 뜻하는 말로, 모두 '화목할 화(和)'가 들어간다.

글 쓰며 표현力높여요

본문 71쪽

예시 내 방에 있는 피아노를 평화의 상징으로 정하고 싶다. 피아노는 누가 연주해도 일정한 음을 내며 어떤 악기, 어떤 사람의 목소리와도 완벽한 조화를 이루기 때문이다. 또한 모든 사람은 음악으로 화합을 이룰 수 있기 때문에 피아노야말로 평화의 상징이 되기에 마땅하다.

독해로 마무리해요 ──────────────────────── 본문 72쪽

1 ②

이 글은 다양한 음악 축제를 즐기는 방법을 설명하고 있으므로, 중심 화제가 '축제'임을 알 수 있다.

2 ① ○   ② ✕   ③ ○

① 음악 축제는 개최 의도에 따라 다양한 주제를 담고 있어서, 이 의미를 생각해 보는 것도 축제를 즐기는 방법이라고 하였다.

② 가수들은 관객들과 함께 신나게 노래를 부르고, 관객들은 가수에게 큰 목소리로 환호를 보내는 등 음악 축제에서는 어떤 소음도 문제가 되지 않는다고 하였다.

③ 야외 공연장에서는 일반 공연과 달리 활기찬 분위기에서 자유롭게 돌아다니고, 맛있는 것도 먹으면서 음악을 들을 수 있다고 하였다.

놀이로 정리해요 ──────────────────────── 본문 73쪽

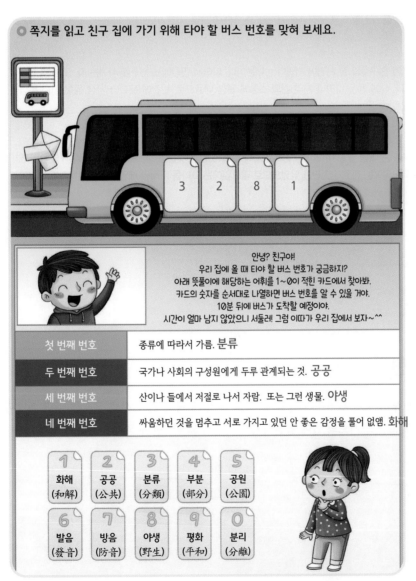

16 사귈 교(交)

○ '사귈 교(交)'가 들어간 어휘

본문 75쪽

1 시간을 정해 놓고 [교대]로 참여하면 모두가 즐겁게 놀 수 있습니다.

2 지역 간 [교류]이/가 활발해지면서 사람들은 다양한 문화 속에서 함께 어우러져 살아갑니다.

3 육천 년 전, 드디어 사람들은 저마다 남는 물건을 바꾸어 쓰는, 물물 [교환]을/를 하기 시작했습니다.

4 오늘날 많은 사람들은 승용차, 버스, 전철, 고속 열차, 비행기 등과 같은 다양한 [교통] 수단을 이용합니다.

문제로 어휘力 높여요

본문 76쪽

1 **교통(交通)**
두 문장의 빈칸에는 짐을 실어 나르거나 사람이 오고 간다는 의미가 들어가야 하므로, '교통(交通)'이 적절하다.

2 **교환했다**
불량 냉장고를 대신할 다른 냉장고를 가져왔다는 내용이므로, 서로 바꾼다는 의미인 '교환(交換)했다'와 바꾸어 쓸 수 있다.

3 **㉠**
㉠은 준기가 친구들과 잘 사귀어 지낸다는 내용이다. 따라서 빈칸에는 친구를 사귀는 것, 또는 그 친구를 뜻하는 '교우(交友)'가 자연스럽다. ㉡과 ㉢은 나라나 지역 간의 소통에 관한 내용으로, 빈칸에 문화나 사상 등이 서로 통함을 뜻하는 '교류(交流)'가 쓰일 수 있다.

4 **태인**
'교대(交代)'는 어떤 일을 여럿이 나누어서 차례에 따라 맡는 것을 뜻하므로, 칠판은 정우, 태인, 민서가 차례대로 닦아야 한다. 따라서 목요일에는 정우가 칠판을 닦았으므로 금요일에는 그다음 차례인 태인이가 칠판을 닦아야 한다.

글 쓰며 표현力 높여요

본문 77쪽

예시 여우야, 부리가 긴 두루미가 밥을 잘 먹을 수 있게 목이 긴 접시로 교체해 주면 어떨까? 함께 맛있는 밥도 먹고, 교대로 서로의 집에 방문하기도 하면서 교류하면 우정이 더욱 돈독해질 거야.

17 나라 국(國)

본문 79쪽

○ '나라 국(國)'이 들어간 어휘

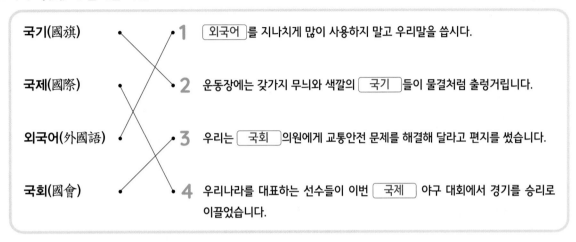

국기(國旗)　　1　外국어를 지나치게 많이 사용하지 말고 우리말을 씁시다.

국제(國際)　　2　운동장에는 갖가지 무늬와 색깔의 국기들이 물결처럼 출렁거립니다.

외국어(外國語)　　3　우리는 국회 의원에게 교통안전 문제를 해결해 달라고 편지를 썼습니다.

국회(國會)　　4　우리나라를 대표하는 선수들이 이번 국제 야구 대회에서 경기를 승리로 이끌었습니다.

문제로 어휘力 높여요
본문 80쪽

1 우체국

'애국가(愛國歌)'는 우리나라를 대표하는 노래를 가리키고, '국립(國立) 도서관'은 나라에서 세우고 관리하는 도서관을 가리킨다. 이로 보아 두 어휘에 모두 '國(나라 국)'이 쓰임을 알 수 있다. 그러나 '우체국(郵遞局)'은 우편 업무를 보는 공공 기관으로 '판'이나 '마을', '관청' 등을 뜻하는 '판 국(局)'이 쓰인다.

2 국기

태극기 앞에서 경례를 하는 상황이므로, 한 나라를 나타내는 깃발인 '국기(國旗)'가 들어가는 것이 알맞다.

3 ④

'고사성어'는 옛이야기에서 유래한, 한자로 이루어진 말을 가리킨다. 영어, 태국어, 몽골어, 스페인어는 모두 다른 나라의 말이므로 외국어에 해당한다.

4 1 국회　　2 국제

1 빈칸에 법을 정하는 기관이 들어가야 하므로, 국민의 대표로 구성한 입법 기관인 '국회(國會)'가 알맞다.
2 서로 다른 나라에서 전화를 주고받는 상황이므로, 빈칸에 '국제(國際)'가 알맞다.

글 쓰며 표현力 높여요
본문 81쪽

예시 저는 외국어 배우는 것을 좋아하니까 외국인 선수들에게 한국어를 통역해 주는 일을 하고 싶어요. 국제 경기인 올림픽에 참여한 선수들이, 저를 통해 대한민국 사람들과 쉽게 얘기할 수 있게 된다면 뿌듯할 것 같아요.

18 따뜻할 온(溫)

○ '따뜻할 온(溫)'이 들어간 어휘

본문 83쪽

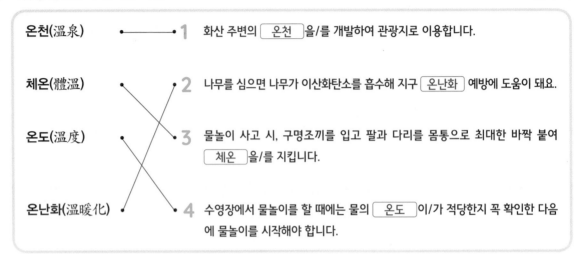

온천(溫泉) ● ——→ 1 화산 주변의 [온천]을/를 개발하여 관광지로 이용합니다.

체온(體溫) ● 2 나무를 심으면 나무가 이산화탄소를 흡수해 지구 [온난화] 예방에 도움이 돼요.

온도(溫度) ● 3 물놀이 사고 시, 구명조끼를 입고 팔과 다리를 몸통으로 최대한 바짝 붙여 [체온]을/를 지킵니다.

온난화(溫暖化) ● 4 수영장에서 물놀이를 할 때에는 물의 [온도]이/가 적당한지 꼭 확인한 다음에 물놀이를 시작해야 합니다.

(문제로 **어휘**力 높여요) 본문 84쪽

1 온도
두 문장 모두 따뜻하고 차가운 정도를 나타내는 어휘가 들어가야 하므로 '온도(溫度)'가 알맞다.

2 체온
몸의 온도를 뜻하는 어휘에 '체온(體溫)'이 있다. '온수(溫水)'는 따뜻하게 데워진 물을, '기온(氣溫)'은 대기의 온도를, '온정(溫情)'은 따뜻한 마음을 뜻한다.

3 어부들은 배를 타고 <u>온천</u>을 건넜다.
'온천(溫泉)'은 땅의 열에 의하여 지하수가 데워져 솟아 나오는 샘이다. 첫 번째 문장에는 배를 타고 건널 정도로 물이 많은 곳인 '바다'나 '강' 등이 어울린다.

4 온난화
북극곰과 바다거북은 지구의 기온이 높아지는 현상인 '온난화(溫暖化)' 때문에 생긴 문제에 대해 말하고 있다.

(글 쓰며 **표현**力 높여요) 본문 85쪽

예시 저는 식물원에 가고 싶어요. 식물원에 있는 온실에 가면 따뜻한 온도에서 자라는 야자수도 볼 수 있대요. 평소에 볼 수 없었던 신기한 식물을 함께 관찰해 보면 어떨까요?

○ '통할 통(通)'이 들어간 어휘
본문 87쪽

1 다른 사람을 존중하고 바르게 [소통] 하여 더불어 살아가는 힘을 기릅시다.

2 안전을 위해서 무거운 차는 지날 수 없도록 [통행] 을/를 제한하는 다리가 있습니다.

3 휴대전화로 전화 또는 문자를 할 수 있듯이, 요즘에는 [통신] 기계 하나로 내용을 여러 방법으로 전할 수 있습니다.

4 웃어른께 전화를 걸어 [통화] 하거나 다른 사람들에게 웃어른의 말씀을 전할 때에도 높임 표현을 사용합니다.

문제로 어휘力 높여요
본문 88쪽

1 통화하면서

'통화(通話)'는 전화로 말을 주고받는다는 의미이므로, '전화하면서'와 바꾸어 쓸 수 있는 어휘는 '통화하면서'이다. '통지(通知)'는 정식으로 어떤 사실을 알리는 것을 의미하므로, 예문 속 상황에 맞지 않다.

2 ㉢

'소통(疏通)'은 뜻이 서로 통하여 오해가 없음을 의미한다. ㉢은 버스가 정거장을 지나쳤다는 내용으로 뜻이 통하는 상황과는 관련이 없다. ㉢에는 '멈추었다가 가도록 예정된 곳을 그냥 지나침.'이라는 의미의 '통과(通過)'가 어울린다.

3 통신(通信)

두 문장 모두 소식을 전한다는 내용이므로 빈칸에는 '통신(通信)'이 들어가는 것이 알맞다. '통행(通行)'은 일정한 장소를 지나다님을, '통용(通用)'은 널리 두루 쓰임을, '공통(共通)'은 여럿 사이에 두루 통하고 관계됨을 의미한다.

4 ③

'교통(交通)'은 탈것을 이용하여 사람이 오고 가거나 짐을 나르는 일을, '통로(通路)'는 다닐 수 있게 트인 길을 의미한다. 따라서 빈칸에 공통으로 들어갈 글자는 '통(通)'이다.

글 쓰며 표현力 높여요
본문 89쪽

예시 견우와 직녀야, 통행이 자유롭지 않아서 그동안 많이 답답했지? 그런데 이제는 직접 만나러 가지 않아도 돼. 왜냐하면 통신 수단이 발달해서 인터넷 통신 대화나 전화 통화를 하면 언제든지 실시간으로 대화할 수 있거든. 그럼 서로 떨어져 있어도 함께 있는 것처럼 느껴질 거야.

20 뜻 의(意)

본문 91쪽

○ '뜻 의(意)'가 들어간 어휘

1 발표자의 주장에 [동의] 하면 동그라미표를 합니다.

2 부모님께 자신의 [의견] 을/를 어떻게 전해야 좋을까요?

3 지명에 담긴 [의미] (이)나 유래를 통하여 고장의 특징을 알 수 있습니다.

4 가위, 칼 등과 같은 날카로운 도구에 베이거나 찔리지 않게 [주의] 합니다.

문제로 어휘力 높여요

본문 92쪽

1 ②

'주의(注意)'는 마음에 새겨 두고 조심하거나 관심을 집중하여 기울임을 뜻하는 어휘로, '뜻 의(意)'를 쓴다. '옷'과 관련한 의미인 '탈의(脫衣)', '의상(衣裳)', '의식주(衣食住)'는 '옷 의(衣)'를 쓰고, '민주주의(民主主義)'는 '옳을 의(義)'를 쓴다.

2 1 의견   2 의미

1 학급 회의에서 친구들과 생각을 주고받았다는 내용이므로, 빈칸에 '의견(意見)'이 들어갈 수 있다.
2 이 책의 마지막 구절에 대한 뜻을 선생님께 여쭈어 보았다는 내용이므로, 빈칸에 '의미(意味)'가 들어갈 수 있다.

3 세영

'태풍 주의보'는 마음에 새겨 두고 조심하라는 의미인 '주의(主意)'가 포함된 표현으로, 태풍이 올 것을 알려 조심하라는 예보이다. 따라서 태풍이 올 것을 조심해서 일찍 집에 가려는 세영이가 문장을 바르게 이해했다.

4 • 비슷한 뜻: 찬성   • 반대의 뜻: 이의

'동의(同意)'는 같은 뜻, 또는 생각이나 의견을 같이 함을 의미한다. 따라서 이와 비슷한 뜻의 어휘는 어떤 행동이나 견해, 제안 등이 옳거나 좋다고 생각하여 받아들임을 의미하는 '찬성(贊成)'이다. 이와 반대의 뜻을 지닌 어휘는 다른 의견이나 생각을 의미하는 '이의(異意)'이다.

글 쓰며 표현力 높여요

본문 93쪽

예시 우리 집 강아지 이름은 가족들의 의견에 따라 초코라고 지었어요. 초콜릿처럼 갈색 털을 갖고 있다는 의미예요. 초코랑 놀 때는 꼬리나 귀를 잡아당기지 않도록 주의할 거예요. 같이 놀고 싶은 의도를 공격하려는 것으로 오해하면 안 되니까요.

독해로 마무리해요 ──────────────── 본문 94쪽

1 ①
문제를 해결하기 위하여 서로의 생각을 주고받는다는 내용이므로, 빈칸에 '의견(意見)'이 들어갈 수 있다.

2 ④
외교관은 우리나라를 대표하여 다른 나라의 외교관과 국제적인 문제를 해결하는 직업이다. 따라서 지구 온난화가 일어나는 원인과 해결 방안에 대해 논의해 볼 수는 있지만, 과학자나 연구자처럼 그 원인을 직접 밝히는 것이 외교관의 일이라고 보기 어렵다.

놀이로 정리해요 ──────────────── 본문 95쪽

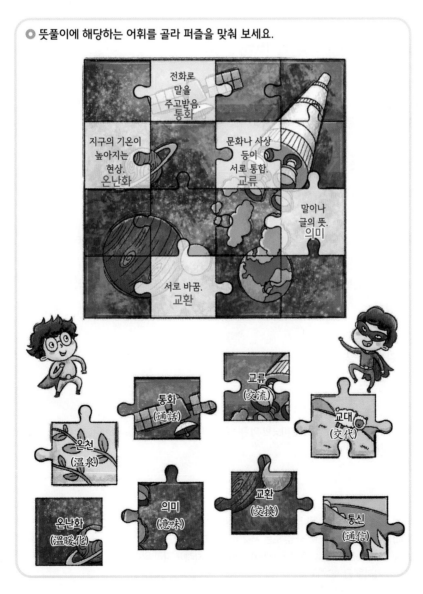

뜻풀이에 해당하는 어휘를 골라 퍼즐을 맞춰 보세요.

1 **1** ①
② 多 ③ 分 ④ 溫
2 ④
① 意 ② 表 ③ 習

2 **1** ①
② 몸 신 ③ 들 야 ④ 함께 공
2 ③
① 열 개 ② 소리 음 ④ 나라 국

3 **1** ②
注(부을 주) + 意(뜻 의): 마음에 새겨 두고 조심함. 또는 어떤 한 곳이나 일에 관심을 집중하여 기울임.
2 ④
分(나눌 분) + 野(들 야): 여러 갈래로 나누어진 범위나 부분.

4 **1** ③
注(부을 주) + 油(기름 유) + 所(바 곳 소): 자동차 등에 기름을 넣는 곳.
2 ①
溫(따뜻할 온) + 暖(따뜻할 난) + 化(될 화): 지구의 기온이 높아지는 현상.

5 **1** ③
音(소리 음) + 樂(노래 악): 박자, 가락, 음성 등을 조화하고 결합하여, 생각이나 느낌을 나타내는 예술.
2 ②
公(공평할 공) + 園(동산 원): 여러 사람의 보건·휴양·놀이 등을 위한 정원과 같은 사회 시설.

6 ③
① 표현 ② 감동 ④ 공감

7 ④
'平和(평화: 평화롭고 화목함.)'와 뜻이 비슷한 어휘는 '和睦(화목: 서로 뜻이 맞고 정다움.)'이다.
① 야생 ② 학습 ③ 개학

8 ④
• 交(사귈 교) + 流(흐를 류): 문화나 사상 등이 서로 통함.
• 交(사귈 교) + 換(바꿀 환): 서로 바꿈. 또는 서로 주고받고 함.
• 交(사귈 교) + 代(대신할 대): 어떤 일을 여럿이 나누어서 차례에 따라 맡아 함.
① 익힐 습 ② 가까울 근 ③ 겉 표